... WAS GESAGT WERDEN MUSS: DIESES NEUE FUSSBALL-WÖRTERBUCH KANN ICH IHNEN EMPFEHLEN – FÜR DEN BESSEREN DURCHBLICK!
WENN SIE DAS SAGEN, IST ES SICHER MIT VORSICHT ZU GENIESSEN...
HRTN © '05

Langenscheidt

Fußball-Deutsch
Deutsch-Fußball

Für Fans und solche, die es werden wollen

von Gerhard Delling

Langenscheidt

Berlin · München · Wien · Zürich · New York

Langenscheidt Fußball-Deutsch / Deutsch-Fußball
von Gerhard Delling

Zeichnungen: Ulf Harten
Redaktion: Wolfgang Worsch
Layout: Meißner & Reisser GbR

Der Abdruck des Gemäldes
„Im Bruchteil einer Sekunde, immer den Ball im Auge"
erfolgte mit freundlicher Genehmigung von Rudi Kargus.

Die Verwendung der Zitate für die „Schlauen Sprüche"
erfolgte mit freundlicher Genehmigung von Oliver Fritsch,
www.indirekter-freistoss.de

Das Buch erscheint zeitgleich als elektronische Variante zum
Download für PDAs (Pocket PC, Palm OS) und Smartphones
(Symbian Serie 60, Symbian UIQ):
www.langenscheidt.de/fussball-deutsch

Redaktionsschluss, sofern nicht anders angegeben:
Oktober 2005

Satz: Franzis print & media GmbH, München
Druck: Kösel, Altusried Krugzell
Printed in Germany
ISBN 13: 978-3-468-73113-6
ISBN 10: 3-468-73113-2

1. 2. 3. 4. 5. 10 09 08 07 06

VORWORT

Ja, sicher, ich sach mal, der Pokal hat eigene Gesetze und die Sprache des Fußballs auch. Klar, ist es etwas anderes, was man bei einem Menschen oder bei einer Mannschaft „Moral“ oder „Charakter“ nennt. Klar, der „Killerinstinkt“ ist beim Stürmer etwas anderes als beim Söldner, „feeling“ etwas anderes als „Gefühl“, „pressing“ etwas anderes als „druckvolles Spiel“. Daran, dass man etwas missverstehen kann, erkennt man, es ist Sprache. Auch der Fußball ist Sprache. Man muss ihn lesen können, und alle lesen ihn anders – doch wer versteht das Spiel richtig?

Der Zuschauer ist ja kein Held auf dem Platz, sondern auf dem Sofa. Er besitzt keine Spielkultur, eher eine Kultur des Betrachtens. Goethe meinte, „man sieht nur, was man weiß“, und so kompensiert der Zuschauer Schmerbauch und dribbeluntaugliche Beine durch Fußballverstand, anekdotisches Spezialwissen und fachsprachliches Vokabular. All das hat sich im Lauf der Zeit zum schönen Überbau des einstigen Unterklassensports entwickelt. Und will auch verstanden werden. Gerhard Delling ist ein wunderbarer, kenntnisreicher „Reiseleiter“ auf diesem Feld.

Es ist schön, dem Fußball in seine geschichtsmächtige Historie zu folgen, es ist schön, wenn schon nicht ihn selbst, so doch seine Sprache zu beherrschen.

Roger Willemsen

„“

SCHLAUE SPRÜCHE

Manche Leute halten Fußball für eine Sache von Leben und Tod. (…) Ich kann Ihnen versichern, es ist viel wichtiger als das! (Bill Shankly)

54 – 74 – 90

Das sind die idealen Daten. Nicht etwa Maßangaben für den perfekten Fußballer oder die perfekte Fußballerin, sondern drei absolute Glückszahlen (oder besser: Zahlen des Glücks; denn es war nicht nur Glück, das zum Genießen dieses Glücks beigetragen hat)!

54 – 74 – 90, das sind drei gewichtige Gründe, dieses Buch zu schreiben. Drei Weltmeisterschaften, ohne die „Fußball in Deutschland“ und „Deutschland im Fußball“ nicht so bedeutend wären. Und sehr wahrscheinlich sind es zukunftsweisende Daten – Prophezeiungen, die es gilt, richtig zu verstehen.
1954! Unser erster Weltmeistertitel. Ich hoffe, ich darf das so formulieren, auch wenn ich damals – rein altersbedingt – selbst noch gar nicht dabei sein konnte. Gefühlsmäßig bin ich aber mit Millionen Mitbürgern spätestens zum 50. Jahrestag dieses Ereignisses ganz hautnah und emotional dabei gewesen. Das Wunder von Bern, das ist doch noch gar nicht lange her und kann vor allem alle vier Jahre

wieder passieren. Seien wir ehrlich: Daran glauben wir selbst in Zeiten, in denen der deutsche Fußball mal einen Tiefpunkt erreicht! (Verzeihung, der Ausdruck „Tiefpunkt" ist möglicherweise nicht gut gelitten, vor allem, wenn es gegen Fußballgroßmächte wie Island geht! Kommt nicht wieder vor … vielleicht!)

1954, damit war der Mythos entstanden. Wir können alles schaffen, selbst wenn wir eigentlich überhaupt keine Chance haben. Das Wunder von Bern, vollbracht von ein paar ganz normalen Jungs von nebenan, die weiter fleißig als Vertreter, Friseur oder Tankstellenpächter arbeiteten und selbst hoch dotierte Profiverträge aus dem Ausland ausschlugen. Sie legten die Basis für die nächsten Erfolge: Vizeweltmeister 1966, 1970 und Titelträger 1974.

1974 – mittlerweile war Fußball ein Beruf geworden. So professionell ging es zu, dass das kickende Personal der Nationalmannschaft – hartnäckiger als der Deutsche Gewerkschaftsbund in seinen mächtigsten Tagen – über die angemessene Bezahlung bei dieser Weltmeisterschaft verhandelte. Das alles nicht etwa im 5-Sterne-Luxushotel, sondern im Trainingslager (mit eingeplantem Koller) im schönen Malente bei Landschulheimatmosphäre.

Und tatsächlich sollen die großartigen Fußballstars bei der weltweiten Nabelschau im eigenen Land wild entschlossen gewesen sein, in den Streik zu treten. Aber hat damals irgendjemand wirklich absehen können, welche Folgen ein solcher Schritt gehabt hätte? Selbst heute, im gelassenen Nachhinein, kann man sich den deutschen Fußball der Gegenwart nach einer Teilnahmeverweigerung 1974 nicht wirklich vorstellen. Muss man ja auch nicht! Fakt ist: Deutschland wurde Fußballweltmeister und Beckenbauer-Netzer-Hoeneß-Vogts-Maier-Overath und Co um viel Ansehen und 70.000,– DM reicher!

Von nun an überstieg der Marktwert eines Fußballers immer öfter den qualitativen Stellenwert des Fußballs in Deutschland (aber nicht nur da). So standen im Finale von Rom 1990 lauter Millionäre auf dem Rasen des Olympiastadions. Wie wir wissen, waren die aber ihr Geld wert und holten den dritten WM-Titel nach Deutschland.

Der wiederum hat fast an die Bedeutung des Erfolges von 1954 herangereicht. Er war sozusagen ein selbst bereitetes Hochzeitsgeschenk für die deutsche Wiedervereinigung. Franz Beckenbauer ließ sich sogar zu der euphorischen Weissagung hinreißen, dass Deutschland nunmehr auf Jahre unschlagbar sein würde. Unglücklicherweise kam alles ganz anders, und den vielen Höhepunkten folgten frustrierende Tiefpunkte (verflixt, da ist es mir noch mal rausgerutscht).

Und doch könnte wieder ein sensationeller Höhepunkt bevorstehen – unmittelbar oder zumindest in naher Zukunft. Ganz deutlich wird das, wenn man 54 – 74 – 90 als Zahlenkombination versteht: 1954 Titel Nr. 1! 20 Jahre später zum zweiten Mal Weltmeister! Wieder 20 Jahre später wäre der nächste Sieg dran gewesen. Stattdessen kam er schon vier Jahre früher. Vielleicht war es nur ein kleiner FIFA-Rechenfehler? Oder einer des Fußballgottes? Oder doch eine maßgebliche Trendwende?

Ist der 20-Jahre-Rhythmus das bedeutende Intervall deutschen Fußballs, dann wären wir erst 2014 wieder dran. Nicht wenige Experten glauben fest daran, dass es so lange braucht, bis Versäumnisse der Vergangenheit ausgeglichen worden sind. Es könnte aber auch 20 Jahre nach 1990 der richtige Zeitpunkt sein. Das hieße, Deutschland wird in Südafrika zum vierten Mal Fußballweltmeister.

Vielleicht aber gibt es einen ganz anderen schicksalhaften Rhythmus. Es ist die verlockendste Interpretation und würde die Erfolgsskala so verschieben: 74 – 90 – 06! Mit anderen Worten: 1954 war der Ausreißer oder der Zufallstreffer (wie immer man das bezeichnen möchte), und eigentlich darf Deutschland sich alle 16 Jahre auf einen WM-Titel freuen. Es ist zu schön, an diese spezielle Fußballalgebra zu glauben, die besagen würde, dass wir den Titel im eigenen Land holen! Aber selbst, wenn das nicht funktionieren sollte, eines ist hoffentlich klar geworden:

Eine der nächsten drei Weltmeisterschaften wird die deutsche Fußballnationalmannschaft gewinnen! Schöne Aussichten!

SCHLAUE SPRÜCHE

„Endlich schön verloren statt unschön gewonnen – am Ende hat Deutschland sich bei Fußball-Europa beliebter gemacht, als es jeder Sieg vermocht hätte.“ Christian Eichler (FAZ 2.7.2002) – nach dem verlorenen WM-Finale.

FUSSBALLWITZE

Der Mannschaftsarzt zum Thema „Doping im Fußball“: „Doping im Fußball bringt nix – das Zeug muss in die Spieler!“

ABERGLAUBE

Von dem italienischen Philosphen und Schriftsteller Umberto Eco stammt der Satz: „Der Fußball ist einer der am weitesten verbreiteten religiösen Aberglauben unserer Zeit. Er ist heute das wirkliche Opium des Volkes.“ In der Tat hat der Fußball für viele Menschen diese letztgenannte Funktion, das Herbeiführen eines rauschhaften Zustands … wobei so mancher Fan das gewünschte Resultat bereits vor dem Spiel durch verstärkte Einnahme von alkoholhaltigen Getränken sicherzustellen sucht.

Verbürgt ist aber auch, dass viele Fußballspieler und -trainer selbst abergläubisch sind. Das ist keine Marotte, über die man sich lustig machen sollte, sondern ein vielversprechendes Grundgesetz vor allem für die Sportler, die den Erfolg suchen, ohne eigentlich eine Chance zu haben. „Jeder denkt, dass wir das Spiel verlieren werden, aber glaube mir, wir werden unsere Möglichkeiten bekommen", sagt der Trainer vor dem schier aussichtslosen Pokalspiel voller Überzeugung zu seiner Mannschaft – nur, weil ihm an diesem Tag die schwarze Nachbarskatze nicht über den Weg gelaufen ist.

Der Glaube kann Berge versetzen, der Aberglaube auch! Wie Goethe es ausdrückte: „Der Aberglaube ist die Poesie des Lebens, deswegen schadet's dem Dichter nicht, abergläubisch zu sein."

Dem Fußballer schadet es nur dann, wenn das Phänomen Ausdruck übertriebener Skepsis ist. Wenn also der Trainer in der Mannschaftsbesprechung etwa sagt: „Ich glaube fest an unseren Erfolg, aber die anderen sind immer für ein Tor gut, und deswegen stellen wir unsere Taktik um!" So werden aus gut kombinierenden Mannschaften nicht selten rennende, kämpfende Horden; oder aus konditionsstarken Fußballfightern plötzlich zahme, zurückhaltende Freundschaftsspieler. Unschwer zu erahnen, dass das nicht funktionieren kann. Aberglaube kann ein Fußballspiel entscheiden. In den meisten Fällen ist er allerdings entweder völlig sinnlos oder sogar gefährlich.

So muss Günter Netzer wirklich dankbar sein, dass er wegen seines Aberglaubens nicht schon mehrere Unfälle verursacht hat. Höchstgefahr herrscht immer dann, wenn er am Steuer sitzt und dabei am rechten Straßenrand eine Schafherde entdeckt. Sofort wird er aktiv (und das soll etwas heißen), weil sich eine Prophezeiung wie in Stein gemeißelt in sein Gedächtnis gefräst hat: „Schafe zur Linken, das Glück wird dir winken!" Und schon entwickelt sich für den nichts ahnenden Beifahrer Beängstigendes: Günter Netzer lässt für einen Moment das Lenkrad einfach los, dreht sich wie zu besten Fußball-Zeiten – als er nach einem Tor jubelnd durch die Luft pirouettierte – um mindestens 180 Grad nach rechts, den Beifahrer ignorierend, den Blick fest Richtung Schafherde, um sich die nichts ahnenden, aber vermeintlich Glück bringenden Tiere noch links von seinem linken Arm vorstellen zu können.

Und damit ist der Beweis angetreten, der Sinnspruch erfüllt wirklich seinen Zweck: Denn das Glück ist schon in dem Augenblick perfekt, in dem Günter Netzer trotz dieser Akrobatik am Steuer die Situation unfallfrei übersteht!

Andere Fußballer glauben wiederum an grüne Kleeblätter. Celtic Glasgow und Rot-Weiß Oberhausen haben die Vierblättrigen sogar im Vereinswappen. Mindestens die Celtic-Fans können mit Fug und Recht behaupten, dass dieser Glücksbringer wirkt, denn der Club gehört seit Jahrzehnten neben den Glasgow Rangers mit Abstand zum Besten, was Schottland fußballerisch zu bieten hat.

Als Ewald Lienen in Köln Trainer war, wollte er sein hellblaues Hemd mit mehr oder weniger passendem Schlips einfach nicht missen. Selbst als die Erkältungsgefahr im Winter zu groß wurde, konnte er seinen Aberglauben nicht ablegen – und damit auch nicht besagtes Hemd. Er zog schließlich einfach einen dicken Pullover darunter, was ihm in modischer Hinsicht keine Pluspunkte einbrachte und auch fußballerisch eher zweifelhaften Erfolg nach sich zog, denn Köln stieg am Ende doch ab.

Egal ob Ewald Lienen, Frank Pagelsdorf oder Udo Lattek: Immer wieder gibt es Trainer und Verantwortliche im Fußball, die monatelang bestimmte Kleidungsstücke tragen, weil ihr Team dann angeblich nicht verliert. Zu erkennen ist diese Spezies an folgenden Symptomen: Sie sitzt oft isoliert von ihrer Mannschaft und versucht nach einem Erfolg vergeblich, ihre Spieler zu umarmen!

FUSSBALLDEUTSCH – A

A-Z **abgezockt**

1 *Zweites Partizip von „abzocken“*: jemanden durch überhöhte Preise finanziell übervorteilen. Böse Zungen behaupten, es gäbe einen Zusammenhang mit den Eintrittspreisen bei großen Sportereignissen wie etwa einer Fußball-WM oder auch mit dem Preis-Leistungsverhältnis bei gastronomischen Betrieben, die in oder vor einem Stadion ihre Dienstleistungen anbieten.

2 *Adjektiv*: raffiniert, abgebrüht, cool. Der Torwart eines bekannten deutschen Rekordmeisters sagte im Frühjahr 2005 über sein Team: „Wir sind abgezockter und cooler als in der Hinrunde."

SCHLAUE SPRÜCHE

„Die Rückrunde der Wolfsburger bewegte sich am Rande der Regressansprüche." Javier Cáceres (SZ 30.5.2005) verweist auf Erik Gerets' Misserfolg

ABSEITS

Es ist und bleibt das schwerste Kapitel

Wenn Sie jemanden verunsichern wollen, fragen Sie ihn, was Abseits ist. Fragen Sie Fußballkenner, Experten, Amateure, Profis oder Trainer – kaum einer kann Ihnen dieses Damokles-Schwert, das über jedem gelungenen Angriff hängt, in wenigen Worten plausibel erklären. Und wer behauptet, das sei doch überhaupt kein Problem, der kann sich entweder nicht vorstellen, dass sich jemand Abseits überhaupt nicht vorstellen kann, oder der hat einfach keine Vorstellung, mit welcher Bedeutung das Wort „Abseits" eigentlich vorbelastet ist.

Trotzdem: Abseits, so wie Sie es kennen, gibt es, und die, die damit zu tun haben und es so verstehen, wie es gemeint ist, die stehen natürlich nicht im Abseits.

Abseits des Abseits hat abseits eine ganz andere Bedeutung. Abseits ist einerseits notwendig, andererseits ärgerlich, meist negativ, in jedem Fall aber eigentlich falsch. Abseits kommt von Abseite, das wiederum bezeichnet einen „schrägen Verschlag unter dem Dach" (Lexikon), steht aber auch für Unter- oder Rückseite. Letzteres wäre vielleicht noch am ehesten deutbar, denn wer abseits steht, der hat sich in den Rücken der Abwehr vorgearbeitet. Unglücklicherweise gehört aber auch der Torwart zur Abwehr, und dass sich in der Praxis jemand tatsächlich hinter denselben schleichen könnte, ist eher unwahrscheinlich, wenngleich er dann wirklich treffenderweise abseits stünde: nämlich hinter der Torlinie und damit abseits des Spielfeldes – was wiederum wenig sinnvoll erscheint.

Abseits steht außerdem für Ferne, Unberührtsein von etwas oder jemandem, und tatsächlich kann es passieren, dass ein abseits stehender Spieler ohne Körperkontakt mit einem anderen Akteur an den Ball kommt. Der angeblich im Abseits stehende Spieler steht eigentlich nicht abseits, sondern in den meisten Fällen ganz vorn, zentral, genau auf der Position, von der er die besten Chancen hat, den Spielsinn, einen erfolgreichen Abschluss in Richtung gegnerisches Tor, zu erfüllen.

Wer abseits ist, ist vorn, und wenn er abseits ist und es zumindest die Unparteiischen nicht merken, dann ist er sogar ganz weit vorn, und wer da vorn ist, der ist natürlich ungeheuer aktiv, sonst wäre er ja eher irgendwo mitten drin, wo Passivität nicht so leicht auffällt. Damit ist aber klar, dass die vor einigen Jahren eingeführte Abseits-Regel, die zwischen passiv und aktiv unterscheidet, völlig absurd ist.

Grundsätzlich gilt: Jedem, der sich so weit nach vorn gearbeitet hat, dass er ein Tor erzielen oder entscheidend vorbereiten kann (und nur darum geht es), muss man unterstellen, dass er dies ganz aktiv zur Zielerreichung getan hat. Ansonsten müsste man annehmen, dass er nicht weiß, was er tut oder das Spiel gar nicht kennt. In beiden Fällen dürfte er wohl nicht mit seiner Aufstellung rechnen. Also kann es gar niemanden geben, der passiv im Abseits steht und deshalb keinen Pfiff durch den Schiedsrichter befürchten müsste.

Nein: Abseits müsste eigentlich Vorseits heißen und ist eine äußerst aktive Handlungsweise, die man normalerweise eigentlich belohnen würde. Stattdessen gibt es aber ein soziales Hilfsprogramm namens Abseitsregel, das dafür sorgt, dass schlecht organisierte Abwehrreihen, die einen Angreifer nicht beschatten können, doch noch eine Chance bekommen, das Gegentor mit Hilfe der Unparteiischen zu verhindern – mit einer Ausnahme, die bisher noch sehr selten genutzt worden ist.

Kein Abseits liegt nämlich vor, wenn ein Spieler sich hinter die vorgerückte Abwehr der gegnerischen Mannschaft schleicht und dort mutterseelenallein den Ball direkt nach einem Abstoß vom eigenen Tor erhält. Spätestens damit stellt sich die als Abseitsregel bekannte Vorseitsregel endgültig ins Abseits.

A-Z **Abstauber** *der*

Nicht – wie auf den ersten Blick vielleicht zu vermuten – eine Haushaltshilfe, sondern ein Stürmer mit einem so genannten Torriecher, durch den er im richtigen Sekundenbruchteil am richtigen Ort steht und die Vorarbeit seiner Mitspieler, Fehler der Verteidigung oder einfach einen – für ihn – glücklichen Zufall ausnutzen kann, um ein Tor zu erzielen. Da er sich seinen Erfolg nicht selbst erarbeitet, sondern von der Leistung anderer profitiert, haftet ihm der Ruf eines Schmarotzers an.

A-Z abtasten

Ob beim Arzt, beim Sicherheitscheck am Flughafen oder zwischen zwei Menschen, die sich gerade kennen lernen – es gibt viele Arten des Abtastens. Und auch der Fußball hat seine eigene: Wenn zwei Teams sich gegenseitig abtasten, was häufig in den ersten Minuten eines Spiels geschieht, dann ist dies ein Ausdruck des Misstrauens in die eigenen Fähigkeiten bzw. der Unkenntnis hinsichtlich der Fähigkeiten des Gegners. Mit anderen Worten: Man tut nichts und wartet darauf, dass der andere den ersten Fehler begeht. Bestimmt das Abtasten als taktisches Konzept das gesamte Spiel, so wird es zum → ***Grottenkick***.

A-Z akut

Der ursprünglich medizinische Begriff tritt im Zusammenhang mit dem Fußballsport meist in eher „schmerzhaften" Formulierungen wie „in akuter Abstiegsgefahr" oder „akut abstiegsgefährdet" auf. Von einer „akut erfolgreichen Mannschaft" ist hingegen nie die Rede.

„" SCHLAUE SPRÜCHE

„Ich werde keine Tore versprechen. Ich verspreche nur, zu rennen wie ein Schwarzer, um morgen leben zu können wie ein Weißer." Samuel Eto'o, Nationalspieler Kameruns, bei seinem Antritt in Barcelona

ARBEITSLOS

Können Fußballspieler arbeitslos werden? Natürlich nicht! Denn wie die Bezeichnung schon klar macht, „spielen" sie ja – und arbeiten nicht. Demnach sind sie höchstens „spiellos" – nicht arbeitslos! Das gilt aber nur für die wirklich guten Fußballer, die das Spiel beherrschen. Alle anderen müssen hart arbeiten, um am Spiel teilhaben zu dürfen.

Da sie aber – wenn sie hart dafür arbeiten und körperlich auffallend härter zur Sache gehen als jemand, der den Sport geniehaft spielerisch ausübt – sofort als Nichtspieler enttarnt werden, gibt es heute nur allzu wenige, die zu ihrem Spiel-Unvermögen stehen. Das dürfte auch der Grund sein, warum deutsche Tugenden auf deutschen Fußballfeldern so rar geworden sind.

Außerdem lässt sich selbst nur mit dem Anschein einer gelernt-spielerischen Ballbehandlung heutzutage deutlich mehr Geld verdienen als mit Kondition und Maloche. Aber der Ausgang eines Spiels hängt ja nicht von einem Akteur ab, sondern verteilt sich über Leistung und Genius von mindestens elf Teilnehmern. So kommt es doch hin und wieder vor, dass sich ein kruder „Arbeiter" in das Spiel mogelt. Und wenn der nicht mehr mitmachen darf, weil er als solcher enttarnt worden ist (oder weil er so lange als Spieler getarnt gearbeitet hat, bis sein Körper, von der übermäßigen Arbeit geschunden, den Dienst verweigert hat), dann bekommt er entweder Kranken- oder Arbeitslosengeld.

Da aber auch die Bundesagentur für Arbeit einen ehemaligen Fußballer nicht so einfach als ganz normalen Arbeitslosen führen möchte, firmiert derjenige dort auch schon mal als „Künstler" – und hat die Kennziffer 8383100.

Das mag die Sache terminologisch erträglicher machen, trifft aber natürlich überhaupt nicht zu. Immerhin ist zumindest gewährleistet, dass derjenige eine offizielle Geldzuwendung erhält. Ein wirklicher Fußballer braucht die nicht, weil er längst ausgesorgt hat, wenn er nur einige wenige Jahre dabei war. Und bei all denen, die diese Subvention dringend nötig haben, weil sie immer gering dotiert auf dem Feld gearbeitet haben, ist dadurch obendrein gewährleistet, dass sie nie wieder eine Anstellung finden, weder als Fußballspieler noch als Künstler.

Das klingt zwar alles andere als sinnvoll, aber man wird den Eindruck nicht los, dass es so gewollt ist.

„“ SCHLAUE SPRÜCHE

Fußball ist auf der Bank ein Leidensgeschäft. Ich bin leidender Angestellter hier in Nürnberg. (Klaus Augenthaler)

ARSCHKARTE

Fußball ist – global – so etwas wie ein kleinster gemeinsamer Nenner, auf den sich alle, auch die Nicht-Fußballer, einigen können. Nicht wegen der Einfachheit der Regeln oder weil es immer und überall etwas halbwegs Rundes zu treten gibt auf der Welt, sondern allein schon wegen der allgemein verständlichen Sprache.

Wer hat nicht schon mal die berühmte Arschkarte gezogen – eine derbe, aber treffende Ausdrucksweise, die jeder versteht (auch derjenige, der bisher Hinterteil- oder Gesäßkarte gesagt hätte). Wer besagte Karte gezogen hat, der hat das vermeintlich schlechtere Los gezogen, im besten Fall eine Niete, mit der man nichts gewinnt, wahrscheinlich aber sogar eine Aufgabe, bei der man nur verlieren kann.

Auch ist die Arschkarte nicht etwa der Freibrief, um jemandem in den Allerwertesten zu kriechen, sondern ganz eindeutig die rote Karte. Damit wird klar, dass dieser Metapher aber unterschiedliche Gegebenheiten zugrunde liegen. Denn wer im Alltag diese Karte zieht, der ist nicht unbedingt ein Schiedsrichter, also derjenige, der eine Strafe verhängt, im Gegenteil: Der mit der A...karte ist selbst betroffen. Und wer diese Karte zieht, der müsste eigentlich Rot sehen, aber auch das ist außerhalb eines Fußballfeldes nicht notwendigerweise so.

Im Spiel selbst bedeutet es direkte Bestrafung in Form des sofortigen Ausschlusses und weiterer Sanktionen in den nächsten Tagen und Wochen, womöglich sogar Monaten, je nach Schwere des Vergehens. Am häufigsten gibt es die Karte nach einem bösen Foul zu sehen. Und der, der sie sieht, ist dann nicht etwa, wie man wegen des Ausdrucks vermuten könnte, der A... oder ein großes A..., er darf nur den Rest des Spiels und womöglich die nächsten Spiele auf dem A... sitzend als Zuschauer verfolgen.

Heute müsste die ominöse Karte eigentlich Brustkarte heißen, denn wenn der Unparteiische bei heftigem Adrenalinausstoß mit den Fingern an den kleinen aufgenähten Täschchen im oberen Bereich des Trikots herumnestelt, dann sucht er dort nach der roten Karte. Früher ging der Griff gewohntermaßen weiter nach unten zur Gesäßtasche, die es heute in den meisten Fällen nicht mehr gibt. Die A...karte heißt also so, weil sie ursprünglich genau dort herkommt.

Und das böse Foul ist ein besonders hartes, körperliches Vergehen oder eine extrem hinterlistige Aktion gegen den Kontrahenten. Böse Fouls gibt es nicht nur im Fußball. Wer allerdings in anderen Gesellschaftsbereichen ein böses Foul begeht, der muss nicht mit der A...karte rechnen, sondern eher damit, dass niemand mehr mit ihm (Karten) spielen will. Wer für böse Fouls bekannt ist, ist bald allein (und da schließt sich der Kreis wieder): wie der Rot-Sünder beim Fußball.

FUSSBALLDEUTSCH – B

A-Z **ballverliebt**

Dass Fußball und Erotik manches gemeinsam haben, zeigen Begriffe wie ···› ***Defensivbereich, entblößen, Pferdekuss*** oder ***streicheln***. So ist es auch nicht überraschend, dass sich manche Spieler so sehr in den Ball verlieben, dass sie nicht mehr von ihm lassen können und ihn schon gar nicht mit den Kollegen teilen wollen. Allerdings kann diese Form von Erotik zu Eifersüchteleien seitens der Mitspieler und zu einer sinkenden Popularität des Ballverliebten innerhalb der Mannschaft führen.

A-Z **Bankdrücker** *der*

1 Kraftsportler, der – rücklings auf einer Bank liegend – gewaltige Lasten hebt.

2 Notorisch leistungsschwacher Spieler, der – auf einer Bank sitzend – allenfalls eine Flasche Mineraldrink hebt. Immerhin – ein Glücklicher, der für sein Gehalt nicht zu ackern braucht.

HÄTTEN SIE'S GEWUSST?

Der größte Sportverein Deutschlands ist der FC Bayern München mit über 100.000 Mitgliedern, gefolgt von Schalke 04 mit knapp 50.000.

A-Z **Beinschuss** *der*

Zwar ist das Hantieren mit Schusswaffen auf dem Spielfeld strengstens verboten. Trotzdem kommt es bei fast jedem Fußballspiel zu Beinschüssen, nämlich dann, wenn der ballführende Spieler seinem Gegner den Ball durch die Beine spielt, ihn ···> ***tunnelt*** (vgl. auch ***Höchststrafe***). Die bei einem Beinschuss erlittene Verletzung ist somit eher seelischer Natur (vgl. auch ***Hosenträger***).

A-Z **Blutgrätsche** *die*

Ein hässliches Foul, bei dem der Verteidiger dem ballführenden Spieler von hinten oder von der Seite in die Beine tritt, ohne ernsthaft den Ball spielen zu wollen. Die einfache Grätsche gibt es, seit es Fußball gibt. Zur Blutgrätsche wurde sie mit Einführung der Stollen, die – vom Waffenmeister, auch als Zeugwart bekannt, kunstvoll zugespitzt – dafür sorgten, dass beim Grätschen künftig mitunter Blut floss. Klar, dass es für die Blutgrätsche die (blut)rote Karte gibt …

FUSSBALLWITZE

Vor dem Lokalderby zwischen zwei verfeindeten Nachbardörfern. Der Trainer stellt seine Spieler auf die Begegnung ein: „Also Jungs, nicht vergessen, wenn ihr den Ball nicht erwischen könnt, haut sie auf die Schienbeine, wenn ihr die Schienbeine nicht erwischt, legt sie um und tretet ihnen gegen die Birne. So – sobald der Zeugwart mit dem Ball da ist, kann es losgehen." Darauf einer der Spieler: „Vergessen wir den Ball, fangen wir gleich an."

A-Z **Bogenlampe** *die*

Der Fußballkundige denkt hierbei nicht primär an Beleuchtung, sondern an einen – über den zu weit herausgelaufenen Torhüter hinwegführenden und schließlich im Tor endenden – kunst- und gefühlvoll ausgeführten Heber. Der Ball beschreibt dabei eine Flugbahn, die entfernt an bestimmte Straßenlampen erinnert. So krumm wie die Flugbahn des Balls ist, so krumm nimmt der düpierte Torhüter dieses Kunststück.

Bundesliga *die*
Die 1. Bundesliga ist seit ihrer ersten Saison 1963/64 die Eliteliga des deutschen Fußballs, in der zu spielen das Ziel eines jeden fußballbegeisterten Nachwuchstalents ist. Hier winken den Spielern Ruhm, Prestige und viel Geld, hier findet der Fan einer Mannschaft seine wahren Helden, aber auch die Objekte seiner tief empfundenen Abneigung, wenn es um den Gegner geht. Wenn die Bundesliga, etwa in den Wintermonaten oder im Sommer, einmal Pause macht, versinken die eingefleischten Fans in einem Abgrund an Langeweile.

HÄTTEN SIE'S GEWUSST?

Spieler wie Patrick Owomoyela oder Gerald Asamoah sind aus Bundesliga und Nationalmannschaft nicht mehr wegzudenken. Der erste Bundesligaspieler mit dunkler Hautfarbe war übrigens 1965 Walter Waddey bei Borussia Mönchengladbach.

FUSSBALLDEUTSCH – C

Champions League *die*
Die UEFA* Champions League – auch „Königsklasse" genannt – löste 1991 den bis dahin alljährlich ausgetragenen Europapokal der Landesmeister ab. Hartnä-

**UEFA = Union of European Football Associations*

ckig hält sich das Gerücht, es wären vor allem die finanziellen Interessen der großen Vereine gewesen, die zu ihrer Gründung führten. Denn wenn sich die Meister aus kleineren Ländern in den ihnen auferlegten Qualifikationsspielen nicht durchsetzen können, müssen sie zusehen bzw. im ···➤ ***UEFA-Pokal*** spielen. Und die „Großen" riskieren nicht mehr, sich gegen die „Kleinen" zu blamieren …

A-Z **Chancentod** *der*

Im Bericht über ein Fußballspiel lesen wir:
Der letzte Treffer blieb Chancentod Schmidt vorbehalten. Er wurde so freigespielt, dass ihm gar nichts anderes übrig blieb, als den Ball über die Torlinie zu schieben.
„Chancentod" ist nicht etwa ein altdeutscher Vorname, sondern ein recht zweifelhafter „Ehrentitel", der die persönliche Tragik eines notorischen Pechvogels reflektiert. Der so bezeichnete Spieler vergibt die so genannten 100%igen Chancen am Fließband, nach dem Spiel ist er der einsamste Mensch in der Kabine (bzw. bei Auswärtsspielen im Bus), mit dem niemand mehr spricht. Ein Glücksfall wie der oben zitierte wird dann schnell als Wiederauferstehung empfunden … bis zur nächsten vergebenen Großchance.

A-Z **Corner** *der*

Aus dem Englischen stammend, wird das Wort im Österreichischen für den deutschen „Eckball" verwendet – Fußball ist international.

„“ SCHLAUE SPRÜCHE

„Südkorea und Japan machten in den letzten vier Jahren mehr Fortschritte als England seit Erfindung des Fußballs.“ (NZZ 7.6.2002)

FUSSBALLDEUTSCH – D

A-Z **dahinplätschern**

Wenn ein Spiel dahinplätschert, ist es ereignislos und langweilig (vgl. ***Grottenkick***). Das verführt die Zuschauer entweder zu musikalischen Darbietungen in Form eines Pfeifkonzerts oder zu rhythmischer Sportgymnastik (vgl. ***La Ola***).

A-Z **Defensivbereich** *der*

In der Vergangenheit war immer wieder zu hören und zu lesen, die deutsche Nationalmannschaft habe „Schwächen im Defensivbereich“. Das ist schlimm, denn es handelt sich hierbei sozusagen um den Intimbereich der Mannschaft. Wer dem Gegner leichtfertig erlaubt, hier einzudringen, riskiert eine Würgeattacke seitens des Torhüters, denn die Jungfräulichkeit seines Allerheiligsten, des Tors nämlich, („Die Null muss stehen!“) ist ein unumstößliches Dogma.

Derby *das*

Vielfach wird angenommen, Edward Stanley, 12. Earl of Derby, sei der Namensgeber des Fußball-Derbys – was jedoch ein Irrtum ist. Lord Derby, der 1780 erstmals ein nach ihm benanntes Pferderennen ausrichtete, begründete lediglich das Derby des Pferdesports.

Der Ursprung des Fußball-Derbys liegt in dem mittelalterlichen *Shrovetide football*, bei dem (bis heute) die Teams zweier Gemeinden der Ortschaft Ashbourne (in Derbyshire) auf einem drei Meilen langen „Spielfeld" versuchen, einen aus Leder und Kork bestehenden Ball in das gegnerische „Tor", das eigentlich ein Windrad ist, zu befördern. Die Regeln sind einfach: Mord und Totschlag sowie das Transportieren des Balls in einem Fahrzeug sind verboten. Besonderen Reiz erhält das moderne Derby dadurch, dass es zwischen zwei Mannschaften aus der gleichen Region oder Stadt ausgetragen wird. Das erste „Lokalderby" fand übrigens 1866 in Nottingham zwischen den Ortsrivalen Nottingham Forrest und Notts County statt.

HÄTTEN SIE'S GEWUSST?

Die höchste Bundesliga-Niederlage setzte es am letzten Spieltag der Saison 1977/1978 für Borussia Dortmund, als man 0:12 gegen Borussia Mönchengladbach verlor. Dortmund stieg in dieser Saison ab, und der daraufhin entlassene Trainer Otto Rehagel litt zusätzlich, weil er für einige Zeit als Otto Torhagel verspottet wurde. Allerdings hat

Dortmund auch einen positiven Rekord zu vermelden: Beim 11:1-Sieg gegen Bielefeld im November 1982 stand es zur Pause 1:1 – man erzielte also in der 2. Halbzeit sage und schreibe 10 Treffer!

FUSSBALLDEUTSCH – E

A-Z **Eckige** *das*
Gemeint ist das (bekanntermaßen eckige) Tor. Und was muss da rein? Richtig: das ⋯> ***Runde***.

A-Z **einlochen**
Nicht nur Verbrecher werden eingelocht. Auch Torjäger üben sich in der hohen Kunst des Einlochens. Tor-

hüter ihrerseits versuchen, Torjäger am Einlochen zu hindern. Und Rechtsanwälte von korrupten Schiedsrichtern tun wiederum das ihre, um ihre Mandanten vor dem Eingelochtwerden zu bewahren.

A-Z **Elfmeter** *der*

Ein Elfmeter, auch Strafstoß genannt, ist für alle Beteiligten eine Strafe. Für den Schiedsrichter, der ihn verhängt und deshalb von einer Mannschaft und einem Teil der Zuschauer gehasst wird. Für den ausführenden Spieler, der Angst hat, sich zu blamieren. Und für den Torwart, der davon ausgehen muss, dass er nach Ausführung des Elfmeters den Ball aus dem Tornetz fischen darf. Darüber hinaus ist der Elfmeter Teil eines Mythos, der so alt ist wie die Menschheit: der Kampf Mann gegen Mann, der Kampf, der in Sekundenbruchteilen über Sieg oder Niederlage entscheidet. Vermutlich hat er es deshalb als einziges Element des Fußballsports zu literarischem Ruhm gebracht – in Form von Peter Handkes Roman „Die Angst des Tormanns beim Elfmeter".

HÄTTEN SIE'S GEWUSST?

Das Jahr 1891 brachte eine revolutionäre Neuerung in das damalige Fußballregelwerk, die bis heute immer wieder für Gesprächs- und Zündstoff sorgt und der deutschen Sprache in neuerer Zeit das Wort „Fernsehbeweis" schenkte – wir sprechen vom Elfmeter.

A-Z **entblößen**

1 Öffentliches Sichentblößen wird vom Gesetzgeber als Erregung ebensolchen Ärgernisses unter Strafe gestellt. Und da Fußballspiele in der Regel eine öffentliche Angelegenheit sind, werden auch Fußballspieler seit einiger Zeit (mit der gelben Karte) bestraft, wenn sie sich beim Torjubel partiell entblößen. Findige Brasilianer haben deshalb die Strategie entwickelt, unter dem Trikot Botschaften wie „Jesus liebt dich" anzubringen – denn welcher Schiedsrichter würde es schon wagen, Jesus die gelbe Karte zu zeigen?

2 Auch das Entblößen der Abwehr durch taktische Maßnahmen des Trainers wird meistens bestraft, allerdings vom Gegner.

A-Z **Ergebniskosmetik** *die*

Kosmetik hat im Allgemeinen den Zweck, unerwünschte Wahrheiten, wie Falten, Krähenfüße oder Pickel, zuzudecken, zu vertuschen. Ähnlich liegen die Dinge hier: Eine Mannschaft, die Ergebniskosmetik betreibt, war das gesamte Spiel über hoffnungslos unterlegen, kassierte eine Reihe von Treffern und schafft es kurz vor dem Ende, doch noch ein Tor zu erzielen, was das tatsächliche Desaster scheinbar in etwas freundlicherem Licht erscheinen lässt. Jeder Fußballfan weiß aber: Die Wahrheit liegt auf dem Platz.

FUSSBALLWITZE

Während eines Fußballspiels sitzt der Trainer hektisch auf der Bank. Plötzlich springt er auf und ruft seinen Spielern zu: „Wieso kommt der Gegner so frei zum Schuss?" Ein Spieler ruft genervt zurück: „Ist doch ein Elfmeter."

FUSSBALLDEUTSCH – F

A-Z **Fahrstuhlmannschaft** *die*

Eine beständig unbeständige Mannschaft, die im steten Wechsel von Auf- und Abstieg zwischen zwei Ligen pendelt und so den Nerven der Fans alles abverlangt.

A-Z **Fan** *der*

Er ist die eigentliche Hauptperson, um die sich alles dreht. Ohne ihn gäbe es den Fußballsport nicht in der Form, in der wir ihn kennen und lieben. Für ihn schwitzen die Spieler, lassen sich zu ···› ***Blutgrätschen*** hinreißen und riskieren die ···› ***Höchststrafe***. Viele Vereine unterhalten völlig uneigennützig für das Wohl der Fans fest angestellte Fanbeauftragte, die darauf achten, dass ihre Schützlinge ihre geballte Konsumkraft im richtigen Fanshop abschöpfen lassen. Übrigens: Die steigende Zahl weiblicher Fans hat nichts daran geändert, dass das Wort selbst nach wie vor männlich ist und man „die Fanin" vergeblich sucht – vgl. ***Frau und Fußball***.

HÄTTEN SIE'S GEWUSST?

Arminia Bielefeld ist der Verein, der am häufigsten in die Bundesliga aufgestiegen ist – insgesamt siebenmal (1970, 1978, 1980, 1996, 1999, 2002, 2004). Sehr respektabel – aber was war vorher?

„“ SCHLAUE SPRÜCHE

„Keine Nation wartet so ungeduldig auf den Triumph, kein Volk verdammt seine Mannschaft so schnell, wenn sie die Forderung nicht erfüllt. Wenn die deutschen Fußballprofis von Druck reden, wissen sie nicht, worunter ihre Kollegen aus Brasilien leiden." Peter Heß (FAZ 1.7.2002)

A-Z **Filigrantechniker** *der*

Der ursprünglich aus der Goldschmiedekunst stammende Begriff bezeichnet heute eine Person, die eine Tätigkeit mit besonders künstlerischer Genialität ausübt. Ein Fußballspieler, der als Filigrantechniker bezeichnet wird, besticht durch ein atemberaubendes Ballgeschick und daraus entstehende Kunststücke wie Traumpässe oder spektakuläre Tore. Haupttummelplatz des Filigrantechnikers ist das Mittelfeld, weniger die Verteidigung und schon gar nicht das Tor. Die Ballkünste des Filigrantechnikers werden oftmals so gut honoriert, dass er seine Lebensgefährtin mit Goldschmiedekunst-Geschenken überhäufen kann.

A-Z **Flankengott** *der*

Ein Spieler mit exzellenter Ballbeherrschung und einem begnadeten Auge für die Mitspieler, der in der Lage ist, den Ball quasi millimetergenau vor das Tor zu schlagen. Flankengötter waren zum Beispiel Rüdiger Abramczik oder Stan Libuda. Auch Manni Kaltz, der Erfinder der so genannten Bananenflanke, deren Empfänger meist das ···› ***Kopfballungeheuer*** Horst Hrubesch war, gehörte zur Spezies der Flankengötter. Mit dem Aussterben des ···› ***Flügelflitzers*** trifft man auch den Flankengott immer seltener an – er steht auf der Liste der bedrohten Arten.

A-Z **Flügelflitzer** *der*

Relikt aus einer Zeit, als man noch das 2-3-5-System pflegte, mit Links- und Rechtsaußen, linkem und rechtem Läufer usw. Flügelflitzer waren ungemein schnelle Stürmer, die entlang der Seitenauslinien mit dem Ball am Fuß in die gegnerische Hälfte eindrangen, um am Ende eine präzise Flanke vor das Tor zu schlagen. Mancher Flügelflitzer brachte es sogar bis zum Status des ···› ***Flankengotts***.

SCHLAUE SPRÜCHE

„Vielleicht werden eines Tages alle Vereine pleite sein […] Dann kommt auch kein Fußball mehr im Fernsehen, aber sie werden ihn draußen weiterspielen, den Fußball, der ein Spielzeug ist, kein Business." aus Thomas Kistner, Ludger Schulze: Die Spielmacher. Profiteure und Strippenzieher im deutschen Fußball. Stuttgart; München: DVA 2001

FRAU UND FUSSBALL – EIN DRAMA IN FÜNF AKTEN

1. Akt: Was Fußball und Liebesfilme gemeinsam haben

„Fußball ist reine Männersache!" Ein Satz wie in Stein gemeißelt. Unumstößlich! Gesetz! Aber total verkehrt!

Zunächst ist Fußball überhaupt keine „Sache". Fußball ist das Leben, Bewegung, Emotion, Kommunikation, Ziel und Weg, Fußball ist entscheidend, aufbauend, reizend, mitreißend, spannend, ansteckend und verbindend.

Dieses Gerangel um den einen Ball – das sind gelebte Gefühle in Aktion, in Bewegung umgesetzt. Fußball ist niemals „sachlich". Schon allein deshalb ist er im Grunde viel eher ein Frauensport.

Aber Fußball ist natürlich einer der wenigen Bereiche, in denen der Mann Gefühle pur zeigt und völlig aus sich herausgeht. Eigentlich genau der Grund, warum es sinnvoll wäre, dass Mann und Frau Fußball zusammen erleben. Aber will Mann das?

Gegenbeispiel: Welcher Mann versucht es nicht zu vermeiden, zusammen mit seiner Frau einen herzergreifenden Liebesfilm anzuschauen? Liebesfilme sind nämlich genauso wenig Frauensache, wie Fußball Männersache ist. Kommt es dann doch einmal unvorhergesehen zum gemeinsamen Erlebnis, dann lässt die Frau an den schmalztriefenden Stellen ihren Gefühlen freien Lauf und heult ungeniert drauf los, während sich der Mann schon zu Beginn des Films ein mentales Netzwerk zur Bekämpfung der Tränen entworfen hat. Und selbst, wenn das alles nichts helfen sollte, gibt es immer noch eine Notbremse: Einfach aufstehen, schnell vom Ort des drohenden Gefühlsausbruchs weggehen und ein Bier holen. Und schnell an etwas anderes denken: an Fußball zum Beispiel! (Damit haben wir auch einen Grund, warum anlässlich eines Fußballspiels so viel Bier konsumiert wird. Es ist bei Männern die erlernte Reaktion auf Gefühlsausbrüche.)

Dieses Beispiel macht deutlich, dass es den Propagandisten des „Fußballs als reine Männersache" gar nicht um den Fußball geht, sondern um die Vermeidung von weiblicher Beobachtung bei emotionalen Aufwallungen. Mann ist halt cool! Am liebsten, wenn Frauen in der Nähe sind – obwohl es gerade dann am wenigsten gelingt und wahrscheinlich von den Frauen selten gewünscht wird!

„“ SCHLAUE SPRÜCHE

„In der Zentrale des DFB war „Girl's Day“. Rund ein halbes Dutzend Teenager tummelte sich bei der Pressekonferenz von Rudi Völler, es ging darum, frauenferne Berufe kennen zu lernen. Und Teamchef der deutschen Männer-Nationalmannschaft zu sein ist vermutlich die frauenfernste Aufgabe, die Deutschland zu vergeben hat.“ Michael Horeni (FAZ 23.4.2004)

HÄTTEN SIE'S GEWUSST?*

Mitglieder im DFB	6.272.803
Zahl der Vereine	26.010
Zahl der Mannschaften	170.016
Zahl der Spiele pro Woche	rund 85.000
Zahl der Schiedsrichter	75.511
Jugendliche Mitglieder (Jungen und Mädchen)	2.054.047
Juniorenmannschaften	103.039
Weibliche Mitglieder	857.220
Frauen- und Mädchen-Teams	6.886
Größter Verein im DFB	FC Bayern München (über 100.000 Mitglieder)

* alle Zahlen Stand Ende 2004

2. Akt:
Warum Frauen im Stadion problematisch sind

Ein weiteres Männerproblem betrifft Frauen im Stadion! Idealerweise sollte sich der Mann für beides interessieren: für das Spiel und die Frau. Jedem wird klar: Das kann nicht gut enden. Entweder wird Mann den Erwartungen der Angebeteten nicht gerecht oder er bekommt das Spiel nicht so richtig mit. Im letzteren Fall ist er unzufrieden, im ersten läuft er Gefahr, sein „Heimrecht" zu verlieren. Das Ganze ist umso schwieriger, je weniger sich die Frau für Fußball interessiert. Ist sie nur mitgekommen, um dem Mann nah zu sein, dann spürt sie jetzt, wie fern er sein kann, selbst wenn er neben ihr sitzt. Das aber ist viel schlimmer als allein zum Fußball zu fahren und sehnsüchtig zurückzukehren!

Ist sie dagegen in erster Linie wegen des Sports mitgekommen, dann kommt er zu kurz – und damit auf provozierende Gedanken. Reizen schafft Aufmerksamkeit, also ist der Mann reizend – aufreizend, und macht ihr deutlich, dass sie bei weitem nicht so viel von Fußball versteht wie er. Da sie – selbstbewusst – nicht auf die Idee kommt, eine „Dummchen-Frage" zu stellen, fragt er sie, um ihr diese provozierende Sicherheit zu nehmen! Zunächst sind es kleinere selbstantwortende Hintergrundfragen, die den großen Erfahrungsschatz des Mannes unterstreichen und ihr suggerieren sollen, dass er noch viel mehr weiß als sie bisher vermutet hat. Zum Beispiel: „Wusstest du eigentlich, dass der Spieler schon mal ein Angebot von Bayern München hatte?"

Oder gänzlich ohne Frage, um aufzuzeigen, dass ihr schon die Frage schwer fallen würde: „Da hätte der Torwart schneller rauskommen müssen, um den Winkel zu verkürzen."

Wenn das alles nicht fruchtet und sie vielleicht sogar den Kampf annimmt und nachfragt: „Was heißt denn das: Er verkürzt den Winkel?", kurzum: Wenn Mann also aufgeflogen ist und nun selbst im fußballmathematischen Abseits steht, dann ist es höchste Zeit, die Notbremse zu ziehen und die offene und eindeutig provokative Angriffsfrage zu stellen: „Wenn du so viel Ahnung hast, dann erklär mir doch mal Abseits!" (→ ***Abseits***)

Diese Provokation kann nur zwei mögliche Verhaltensmuster zur Folge haben:

Variante 1: Spätestens jetzt akzeptiert sie ihn als absoluten Fachmann und Vielwisser. Dann kann er, in aller selbstzufriedenen Ruhe, den gedachten Lorbeerkranz des Siegers auf der Stirn spürend, das Spiel weiterverfolgen.
Variante 2: Künftig kann bzw. muss er ohne sie ins Stadion gehen, darf sich aber sicher sein, dass sie immer etwas dagegen haben wird.

Was Frauen zu Männern während eines Fußballspiels nicht sagen sollten …

… im Stadion:

Wow, haben die alle Muckis – wolltest du nicht auch mal wieder Sport treiben?

Eine Horde erwachsener Männer, die hinter dem Ball herrennen – ich werde nie kapieren, was daran so toll sein soll.

Sind wir die Blauen oder die Roten?

Wieso war das Abseits?

Wie viel steht's? – 1:0. – Für wen?

Warum schreist du so?

Kannst du mir was zu trinken holen, Schatz?

Ich will nach Hause – mir ist langweilig.

Ih – jetzt ziehen die die verschwitzten Trikots von den andern an.

… zu Hause auf dem Sofa:

Kommst du zum Kuscheln?

Ich geh schon mal ins Bett – kommst du gleich?

Was schenken wir Mutter zum Geburtstag?

Schon wieder Fußball!

Willst du wirklich noch ein Bier trinken?

Geh zum Rauchen bitte auf die Terrasse/den Balkon.

Sei nicht so aggressiv.

Reg dich nicht so auf – ist doch nur ein Spiel.

Hörst du mir überhaupt zu?

So das war der Schlusspfiff – jetzt schalten wir um!

3. Akt: Warum Spielerfrauen so wichtig sind

Früher, als es bei Fußballspielen so gut wie keine weiblichen Zuschauer gab, da stand der Sport noch im Mittelpunkt … könnte man meinen, wenn man den Kommentar eines Sportjournalisten des österreichischen Sport-Tageblatts aus dem Jahr 1922 liest:
„So lange keine oder nur sehr wenige Vertreterinnen des weiblichen Geschlechts Fußballwettkämpfen beiwohnten, ging es bei aller Lebhaftigkeit der Zuschauer doch immer sehr anständig zu. Pfui-Rufe und wüste Schimpfereien gehörten zu den Seltenheiten, Raufereien und Insultierungen von Schiedsrichtern und Spielern kamen überhaupt nicht vor. Seitdem aber die holde Weiblichkeit ein ansehnliches Kontingent der Besucher von Fußballmatches bildet, gerät der männliche Teil der Zuschauer nur zu häufig außer Rand und Band.“ Das österreichische Sport-Tagblatt vom 4.2.1922

Durch diesen Augenzeugenbericht scheint belegt, dass Fußball im elektrisierenden Miteinander der Geschlechter einen hohen „Balzfaktor“ hat. Und spätestens jetzt muss jedem klar sein, welch wichtige Rolle die Spielerfrauen ausfüllen. Ohne sie geht der Fußballer einfach nicht an seine Grenzen. Er will beobachtet werden und für sein konsequentes, furchtloses – sprich: männliches – Verhalten auf dem Platz gelobt (oder bei Misserfolg: getröstet) werden.

Das ist sicher auch der Grund, warum heutzutage bei großen, lang andauernden Turnieren die Spielerfrauen meistens mitreisen dürfen (früher, als das noch nicht der Fall war, kletterten die ach so auf das gemeinsame Ziel Weltmeisterschaft fixierten Akteure immer mal wieder über den Zaun des Trainingslagers ...). Dabei ist es eigentlich gar nicht entscheidend, ob die Spielerfrauen oder andere Frauen tatsächlich Anteil nehmen. Nein, sie müssen noch nicht einmal im Stadion sein oder zuschauen. Wichtig ist, dass der Spieler denkt, dass es so ist. Wenn der Frau das gelingt, dann funktioniert Mann auch – zumindest im Fußball ...

?! ER SAGT – ER MEINT

Im Alltag:

Gesagt ...
Vielleicht sieht man sich ja mal wieder.
... scheinbar gemeint ...
Auf Wiedersehen!
... wirklich gemeint
So ein Langweiler – nix wie weg!

Im Fußball – Spieler:

Gesagt ...
Wir haben über weite Strecken das Spiel kontrolliert.
... scheinbar gemeint ...
Wir haben den Gegner beherrscht.

… wirklich gemeint
Klar haben wir verloren, aber so mies haben wir auch nicht gespielt, oder?

Gesagt …
Ich mache unserem Torwart keine Vorwürfe.
… scheinbar gemeint …
Den Torwart trifft keine Schuld.
… wirklich gemeint
Der Blödmann von Torwart hat uns das Spiel gekostet!

Gesagt …
Wir müssen uns jetzt auf das nächste Spiel konzentrieren.
… scheinbar gemeint …
Wir bereiten uns ab sofort intensiv auf das nächste Spiel vor.
… wirklich gemeint
Merkt der Kerl denn nicht, dass wir verloren haben und ich jetzt nicht darüber sprechen will?

Gesagt …
Es war der erwartet schwere Gegner.
… scheinbar gemeint …
Wir waren von der Leistung des Gegners nicht überrascht.
… wirklich gemeint
Mit so einem starken Gegner hatten wir nicht gerechnet.

Gesagt …
Zur Schiedsrichterleistung möchte ich nichts sagen.

… scheinbar gemeint …

Zur Schiedsrichterleistung möchte ich nichts sagen.

… wirklich gemeint

Da ich nichts sage, sage ich, wie unsäglich er gepfiffen hat.

Gesagt …

Da müssen Sie den Trainer fragen.

… scheinbar gemeint …

Der Trainer ist kompetenter, diese Frage zu beantworten.

… wirklich gemeint

Ich hab keinen Bock, mir den Mund zu verbrennen.

FRAU UND FUSSBALL

4. Akt: Warum Frauen nicht Fußball spielen sollten

Nahezu chancenlos ist eine Fußball-Ehe. Spielen nämlich beide aktiv, sowohl der Mann als auch die Frau, dann wissen beide nur zu genau, worüber sie sprechen, wenn sie noch miteinander sprechen. Dann kann Mann eine leichte Prellung nicht mehr als „Fast-Beinbruch" verkaufen, dann ist eine verunglückte Flanke, die plötzlich im Tor landet, eben kein technisches Kabinettstück mehr – und dann ist auch die dritte Halbzeit mit so manchem Pils in Kabine und Vereinslokal eben nicht mehr mit Überlänge des Spiels und anschließender intensiver Körperpflege zu erklären.

Die beschriebenen Szenarien machen deutlich, warum Männer seit jeher ein Interesse daran hatten, dass Frauen ihnen zwar beim spielerischen Treiben mit dem Ball zuschauten, aber eben nicht selbst dem runden Spielgerät nachjagen sollten. Warum aber sollte Fußball für Frauen weniger interessant sein als andere Sportarten oder überhaupt andere Tätigkeiten – warum weniger als Handball oder Stricken zum Beispiel? Es wurde nur immer so propagiert. So sehr, so oft, so nachhaltig, dass Frau sich tatsächlich daran hielt. Die geistige Verwurzelung des Antifußballgens beim weiblichen Geschlecht mag der folgende Beitrag erklären:

„Auch „Der Montag mit dem Sport-Montag" meldete in den 1920er Jahren Bedenken gegen das Fußballspiel der Frauen an: Dieses weite zwar die Lungen und verschönere den Teint, andererseits sei das Laufen, Treiben des Balles, Springen und plötzliche Umwenden für die Bildung der inneren Organe schädlich und entwickle außerdem die Fußknöchel in einer Weise, „die sie unschön erscheinen lassen". Zudem zögen die Anstrengungen des Spiels Verzerrungen des Gesichts sowie Runzeln und hässliche Linien nach sich, die alleine schon Grund genug wären, jeder Dame zu raten, das Fußballspiel abzulehnen." Rosa Diketmüller, Universität Wien

Und genau so ist es ja auch jahrzehntelang gewesen. Bis heute warnen die Eltern ihre Töchter vor dem Fußballspielen – wegen der Verletzungsgefahr, wegen der angeblich stämmigen Figur mit breiten Oberschenkeln und einem wenig knackigen Po. Aber warum sollte das beim Hockey anders sein? Handball ist oftmals viel härter, Radsport macht eindeutig dickere Beine, Rudern gibt ein überdimensional breites Kreuz, Judo blaue Flecken und Speerwurf oder andere Kraft/Technik-Sportarten sind mit einem Schlankheitsideal nicht vereinbar. Und trotzdem war die Kritik am Frauenfußball immer am vehementesten und das vor allem von Seiten einer Sorte von Männern, die sich wegen mangelnder eigener sportlicher Aktivität mit Sicherheit nicht für irgendwelche „Mister …"-Wahlen qualifizieren würden..

Seufz!

DUMME SPRÜCHE

Szenen einer Ehe während der Fußballübertragung:

Sie: Kommst du essen, Schatz?
Er: Ich esse vor dem Fernseher.
Sie: Jetzt komm endlich essen!
Er: Ich schau das Spiel fertig!
Sie: Ich stelle mich zwei Stunden in die Küche und du hast nur deinen Fußball im Kopf!
Er: Kannst du dich mit deiner Kocherei nicht danach richten, wann das Spiel aus ist?
Sie: Mir reichts – ich mag nicht mehr!
Er: Warum gehst du nicht ins Bett?

(Geräusch einer zuknallenden Haustür.)

5. Akt: Frauenfußball – (k)eine Zukunftsvision

Die unendliche Argumentationskette gegen den Frauenfußball ist inzwischen längst gerissen, wie die Fakten deutlich zeigen:

- Der 1. Frauenfußballverein wurde bereits 1894 gegründet, auf der britischen Insel – wo sonst? – und zwar in Form des British Lady Football Clubs in London.
- 1970: Der DFB hebt das Verbot des Frauenfußballs in der Bundesrepublik Deutschland auf.
- Einführung der zweigleisigen Bundesliga (Nord – Süd) 1991
- Seit 1993 volle Spielzeit über 90 Minuten (vorher 70 Minuten)
- Einführung der eingleisigen Bundesliga 1997/98
- 2004: 857.220 Fußballspielerinnen im DFB
- 2004/05 Einführung der zweigleisigen 2. Bundesliga

Wenn man sich vor Augen führt, seit wann Frauen hierzulande tatsächlich regelmäßig und anerkanntermaßen Fußball spielen, dann ist klar: Frauen lernen (Fußball) schnell! In wenigen Jahren wurden professionelle Strukturen aufgebaut, mit einer Nationalmannschaft und einer Bundesliga. In Windeseile hat sich die Qualität verbessert. Was Anfang der neunziger Jahre des vorigen Jahrhunderts noch die Anmutung einer eigenen Sportart hatte, ist heute vor allem technisch schon auf ganz hohem Niveau. Geht die Entwicklung mit dieser Steigerungsrate weiter, dann könnte Frauenfußball in nicht allzu ferner Zukunft dem Sport der Männer Konkurrenz machen.

Man stelle sich das vor: Frauenteams gewinnen in unserer Domäne gegen „Mann"schaften. Um diesen kaum zu verhindernden Prozess wenigstens etwas aufzuhalten, sollten Männer eigentlich schon jetzt keine Freundschaftsspiele mehr gegen Frauenteams veranstalten – sie können in mehrfacher Hinsicht nur verlieren.

In den USA sind bereits heute Frauenländerspiele deutlich besser besucht als die Begegnungen der männlichen Sportfreunde. Die Vereinigten Staaten waren schon zweimal Weltmeister im Frauenfußball!

Und der Tag scheint nicht mehr weit, dass wir Männer daheim sitzen und darauf warten, bis die Frauen vom Fußball oder Fußball-Schauen nach Hause kommen und sich an den fertig gedeckten Tisch setzen wollen. Eine Horrorvorstellung für so manchen Mann.

Deshalb: Wenn Fußball keine reine Frauensache werden soll, sollten wir Männer vielleicht doch zusammen mit den Frauen Fußball schauen und nie wieder die Frage stellen: „Kannst du eigentlich Abseits erklären?" Es könnte sein, dass sie irgendwann einmal an uns gestellt wird.

DONNERWETTER – DAS IST JA VON IHNEN!
SEHR SCHARFSINNIG BEOBACHTET.
DAS HABEN SIE DOCH SICHER NICHT ALLEIN GESCHAFFT.
DAS SAGT DER MANN, DER ZU GLADBACHER ZEITEN VIER WASSERTRÄGER FÜR SICH LAUFEN LIESS.
SIE KÖNNEN ALSO TATSÄCHLICH SCHREIBEN...
... UND AUCH LESEN.
TJA, IN DER TAT, DAS HAT DER FRANZ AUCH GESAGT.
HRTN © '05

KENNEN SIE DIESEN LEO, VON DEM JETZT ALLE REDEN?
DIE FRAGE IST WIEDER MAL TYPI(S)CH UND ZEIGT, DASS SIE VON FUSSBALL KEINE AHNUNG HABEN.
DAS HAT DER GÜNTER NETZER DOCH NICHT ERNST GEMEINT.
WENN SIE MEINEN...
KOMMEN WIR AUF DEN PUNKT – WER IST LEO?
ICH BIN SICHER, SIE HABEN AUCH AUF DIESE FRAGE EINE ANTWORT.
HRTN ©

SEHEN WIR UNS DIE SCHWALBE AUS DER 73. MINUTE AN.
NA!
DAS HABEN SIE JETZT GESAGT.
ABER SO ETWAS SIEHT MAN NICHT ALLE TAGE!
WAS SIE IMMER SO SEHEN –
ICH WEISS NICHT...
ALS EXPERTE HABEN SIE ABER SICHERLICH EINE MEINUNG DAZU.
TJA, IN DER TAT...

FUSSBALLWITZE

Eine Frau steht deprimiert in der Parfümerie und sagt zur Verkäuferin: „Geben Sie mir was, das nach Fußball riecht."

David Beckham erblickt beim Einkaufsbummel eine Thermosflasche. „Wofür ist das?", fragt er. Der Verkäufer antwortet: „Darin bleiben heiße Sachen heiß und kalte kalt." Beckham kauft eine und nimmt sie mit nach Hause zu Posh. Sie schlägt begeistert vor, er solle die Thermosflasche künftig mit zur Arbeit nehmen. Der Trainer fragt beim nächsten Training, was er da habe. „Oh, da drin bleiben heiße Sachen heiß und kalte kalt." – „Großartig – und was hast du drin?" – „Kaffee und etwas Eiscreme."

DUMME SPRÜCHE

Was Männer zu Frauen während eines Fußballspiels nicht sagen sollten …

… im Stadion:

Das ist hier keine Modenschau, sondern Fußball.
Frag nicht so dumm und schau zu!
Du weißt nicht, was Abseits ist – was machst du dann hier?
Ich fluche, wann und wo ich will!
Jetzt sei endlich mal ruhig.
Ich will jetzt nicht knutschen.
Frauen haben im Stadion wirklich nichts zu suchen.

… zu Hause auf dem Sofa:

Unterhaltet euch gefälligst woanders!

Holst du mir jetzt endlich noch ein Bier?

Die Erdnüsse sind alle!

Nein – ich will deiner Mutter jetzt nicht zum Geburtstag gratulieren.

Alle Kinder – raus!!!

Musst du nicht noch einkaufen gehen?

Warum gehst du nicht rüber zu deiner Freundin Mona?

Nein – ich will jetzt nicht kuscheln!

Wolltest du nicht ins Bett gehen?

Ich fluche, wann und wo ich will!

Halt die Klappe – du kennst dich eh nicht aus.

Ja, ich liebe dich – und jetzt lass mich bitte in Ruhe!

Es geht doch nichts über einen gemütlichen Fußballabend.

A-Z **Freistoß** *der*

Man kann ihn abfälschen, anschneiden, ausführen, geben, herausholen, treten, vergeben, verhängen, verlängern, verwandeln oder zirkeln. Da man dabei vom Gegner nicht behindert werden darf, ist der Freistoß besonders in der Nähe des gegnerischen Tors eine gute Gelegenheit, den Ball in dasselbe zu befördern. Da dies natürlich wieder und wieder trainiert wird und der Trainer versucht, die Abläufe zu standardisieren, fällt der Freistoß unter die Rubrik → ***Standardsituation***.

„“ SCHLAUE SPRÜCHE

„Alte Fußballer, wenn die Karriere längst vorbei ist, verschwinden nicht vollkommen. Sie haken sich fest in den Köpfen, durch eine Flanke, einen Schuss. Oder durch ihre Frisur, manchmal einfach durch ihre Frisur.“ Holger Gertz (SZ 11./12.8.2002)

FUSSBALL UND POLITIK

„Deutschland wird Fußballweltmeister, und die SPD gewinnt die Bundestagswahl", hat Gerhard Schröder 2002 gesagt und eigentlich Recht behalten. Denn das verlorene Finale wurde schließlich wie ein Sieg gefeiert. Niemand hatte damals damit gerechnet, dass die deutsche Mannschaft überhaupt ins Endspiel kommen könnte. Und kaum einer der Demoskopen hatte Gerhard Schröder eine realistische Chance zur Wiederwahl eingeräumt.

Fußball und Politik gehören einfach zusammen. So sehr, dass nach dem Vorrunden-Aus des Nationalteams in Portugal und dem anschließenden Rücktritt Rudi Völlers vom Amt des Bundestrainers auf das des Bundeskanzlers geschlossen wurde. In der Sendung „Kulturzeit" auf 3sat hieß es damals: „Wie lange kann ... Gerhard Schröder den Ball noch im Spiel halten?"

Schröder war die Spitze, auf die sich alle Angriffe konzentrierten. Die Opposition suchte die Vollstrecker für durchdacht vorgetragene Attacken. Der Konter ließ meist nicht lange auf sich warten. Stellte die Regierungs-Mannschaft das bessere Team? Wer war besser aufgestellt? Solange der Teamchef die Taktik vorgibt, spielen sich selbst Akteure verschiedener Mannschaften geschickt die Bälle zu! So gibt es zwischen den Koalitionsparteien so manchen Doppelpass, und durch Angriffe sowohl über den linken als auch den rechten Flügel wird der Gegner in die Zange genommen. Besonders vor Wahlen verfallen auffällig viele Politiker in Fußballjargon und warnen vor dem Abstieg im internationalen Wirtschafts- oder Bildungsranking. Ein Platz im Mittelfeld muss unbedingt vermieden werden, Deutschland muss in die Champions League!

So mancher Politiker läuft dann zur Höchstform auf, obwohl er gar nicht im Stadion ist und erst recht nicht läuft, sondern wie angewurzelt am Rednerpult steht. Manche Aktion hat schließlich ein Nachspiel vor Gericht, und dann machen viele einen Rückzieher und nehmen sich vor, den Ball flach zu halten, um nicht gänzlich ins Abseits zu geraten. Andere treten kräftig nach, was die Gegner wiederum als Vorlage nutzen, um die rote Karte für diese Unfairness zu fordern. Natürlich ist jede Partei im Wahlkampf bemüht, mannschaftliche Geschlossenheit zu demonstrieren und bis zur letzten Minute zu kämpfen. Und trotzdem passieren immer wieder Fehler, die zur Steilvorlage für den Gegner werden. Darüber hinaus wird verbal so manches Eigentor geschossen.

Nicht selten braucht man aber auch ein bisschen Glück im politischen Spiel! Und das hatte die Opposition bei der letzten Bundestagswahl: 2005 war kein Fußballweltmeisterschaftsjahr, und den Confederations Cup haben wir auch nicht gewonnen! Und Gerhard Schröder ist nicht mehr Bundeskanzler …

FUSSPILZ

Oder: Der einzige treue Weggefährte, von dem die Trennung nicht schmerzt …

Eigentlich ist der Fußpilz ein Hautpilz. Als Fußpilz wird er deshalb bezeichnet, weil er sich gerne kuschelige Ecken im Fußbereich sucht, was sicher an den dort herrschenden, für ihn ganz exquisiten klimatischen Bedingungen liegt (und riechen kann er ja nicht). Man könnte ihn aber auch – noch treffender – Fußballerpilz nennen, denn in den geschlossenen Räumen der Fußballschuhe, in denen es feuchtwarm, stickig und zugleich angenehm schummrig ist, da hat er sein Schlaraffenland – und freut sich über jedes Training und jedes Spiel.

Wie treu der Fußpilz ist, zeigt sich aber auch nach dem Spiel. Da nämlich geht er nur allzu gern mit unter die Dusche. Früher, als die Spielerduschen vornehmlich tief unten im muffigen Keller der Vereinshäuser angesiedelt waren, war diese Tugend besonders ausgeprägt. Zu dieser Zeit waren die Duschen meist fensterlose Treibhäuser, die nur durch ein rostiges, perforiertes Gitter die Ahnung von einer Verbindung zur Außenwelt aufkommen ließen. Der Fußpilz hatte dadurch keine Frischluftattacken zu befürchten. Meist lebten mehrere Völker friedlich neben-

einander. Einige davon waren deutlich sichtbar, in jeder Ecke als anerkannte Raumausstattung geduldet, zunächst als kleine Insel aus schwarzen Punkten, später zum umfassenden Flächenmuster auf motivlosen Einheitsfliesen ausgeufert.

Wer beim Anblick dieser Lebend-Graffiti einen Anflug von Unwohlsein spürte, wer überhaupt den wie selbstverständlich dort wachsenden Pilz als auffällig registrierte, der war für Fußball nicht geschaffen. Seien wir ehrlich: Richtig angekommen in diesem Sport war man doch erst, wenn man es geschafft hatte, dieses schrecklich brennende Feuer zwischen den Zehen auszuhalten ohne zu klagen, und wenn man wie selbstverständlich immer weiter unter die gleichen Duschen hüpfte – ohne Badeschlappen, versteht sich.

Vor allem die Proficlubs haben diesen treuen Anhänger mittlerweile jedoch aus dem Spiel genommen – durch große, gut durchlüftete Räume mit strahlend weißen, unbefleckten Kacheln an der Wand, so glatt, dass den Kulturen der Halt fehlt. Und sollte dennoch einmal ein ganz mutiger Zeitgenosse dieser ehemaligen Fußballspezies bis in diese sterile OP-Anmutung vordringen, dann fällt er mit Sicherheit dem bestens ausgerüsteten Reinigungspersonal zum Opfer. Verständlich also, dass der Fußball so manche Kultur verloren hat.

HÄTTEN SIE'S GEWUSST

Übrigens: Trotz aller medizinischer Fortschritte ist der Fußpilz angeblich immer noch 60% der Fußballspieler zugetan.

FUSSBALLWITZE

Gladbach gegen Bayern: Gelbe Karte in der 42. Minute für Ziege wegen Meckerns.

GELBE UND ROTE KARTE

Schiedsrichter zu Willi Lippens: „Ich verwarne Ihnen."
Willi Lippens zu Schiedsrichter: „Ich danke Sie."
Rote Karte wegen Schiedsrichterbeleidigung.

Wer eine gelbe oder rote Karte gezeigt bekommt, hat beim Schiedsrichter schlechte Karten. Dass beides trotzdem gute Karten für den Fußball sind, wird klar, wenn man die Entstehung der Kartenidee nachvollzieht. Also wollen wir kurz nachkarten:

Den Anfang nahm die Geschichte um die Karten, die auch heute noch die Disziplin auf dem Spielfeld regeln, anno 1935: Ein gewisser Kenneth George Aston wurde, gerade mal 20 Jahre alt, Lehrer im englischen Essex. Und als solcher musste er häufig bei kleineren und größeren Auseinandersetzungen schlichten. So auch bei einem fußballerischen Gegeneinander. Das gefiel Aston offensichtlich so sehr, dass er 1936 seine Schiedsrichterausbildung abschloss. Anfang der 60er-Jahre galt er unbestritten als einer der drei besten Referees in England. So wurde er bei der Weltmeisterschaft 1962 in Chile eingesetzt und selbstverständlich auch 1966 bei der darauf folgenden WM im eigenen Land, bei der er Vorsitzender der FIFA-Schiedsrichterkommission war. Als solcher sah er die Partie Argentinien gegen England mit dem tapferen Ulmer Schneidermeister Rudolf Kreitlein als Unparteiischem. Es war ein aufregendes Spiel, das die Gemüter der Akteure so sehr erregte, dass manch einer rot sah – sprichwörtlich wohlgemerkt, noch nicht als Karte! Kreitlein stellte deshalb den Südamerikaner Rattin vom Platz, der sich jedoch minutenlang weigerte, das Spielfeld zu verlassen.

Aufgrund der Sprachbarrieren konnte aber niemand mit hundertprozentiger Sicherheit sagen, ob der Argentinier die mündlich verhängte Strafe tatsächlich auch sofort verstanden hatte. So lasen zum Beispiel auch die englischen Fußballbrüder Jack und Bobby Charlton erst am nächsten

Morgen in der Zeitung, dass sie verwarnt worden waren. Beide beteuerten, dass sie davon überhaupt nichts mitbekommen hätten und riefen den Turnierleiter an, um die Angelegenheit zu klären.

Denn damals gab es wenigstens schon das Notizbuch, in das der Schiedsrichter die Namen der verwarnten Spieler eintrug. (Daher stammt übrigens der Begriff *booking*, mit dem die Engländer heute noch die gelbe Karte bezeichnen.)

Als Kenneth George Aston – so heißt es – an diesem Tag nach all dem Durcheinander nach Hause fuhr, hätte er gedankenversunken beinahe eine rote Ampel überfahren. Das Licht sprang von Gelb auf Rot, und Aston kam im letzten Moment mit seinem flotten MG Sportwagen zum Stehen. Und da hatte er die Idee: Als optisches Ausrufezeichen erfand er die gelbe Karte für die Verwarnung eines Spielers und die rote für den sofortigen Ausschluss aus der Partie. Eine Requisitensprache, die sowohl die Aktiven als auch die Zuschauer weltweit sofort verstanden.

Und wieder war es ein deutscher Schiedsrichter, der beim Durchbruch dieser Maßnahme aktiv dabei war: Kurt Tschenscher führte bei der WM 1970 in der Begegnung Mexiko gegen Russland die Kartenregelung sozusagen offiziell ein. Er zeigte dem Russen Asatiani sowie noch vier weiteren Spielern im Verlauf der Partie wegen verbotenen Spiels die gelbe Karte.

In den folgenden 31 Begegnungen der WM 1970 gab es durchschnittlich eine Karte pro Spiel – Farbe Gelb! Rot wurde kein einziges Mal gezogen. Heute kann man sich Fußball ohne diese Utensilien nicht mehr vorstellen.

Gerade in Deutschland kann man am ehesten nachvollziehen, wie es zu dieser Erfindung gekommen ist. Denn hierzulande kennt man die gelb-rote Karte – ganz in Anlehnung an ihren Ursprung (siehe oben) – als „Ampelkarte" (während man im Englischen einfach nur von der „zweiten gelben Karte" = *second yellow card* spricht). Im Unterschied zur Ampelkoalition, die mit SPD, FDP und Grünen alle drei Farben (Rot, Gelb und Grün) zu einer Sinneinheit verbindet, berücksichtigt die Ampelkarte des Fußballs allerdings nur die ersten beiden: Ein Spieler, der zum zweiten Mal Gelb sieht, sieht automatisch Rot. Daraufhin muss er allerdings das Grün verlassen …

Der Erfinder der gelben und roten Karte, Kenneth George Aston, starb am 23. Oktober 2001 im Alter von 86 Jahren.

FUSSBALLDEUTSCH – G

A-Z **glückliches Händchen**
Wenn ein Trainer bei der Mannschaftsaufstellung oder bei der Festlegung der Taktik ein glückliches Händchen bewiesen hat, dann hat er alles richtig gemacht – andernfalls hat er die ···› ***Arschkarte*** gezogen.

Gott *der*

Als Erfinder der Kugelform Ahnherr des Fußballs. Der Ausdruck „Fußballgott" nimmt darauf immer wieder Bezug, so z. B. im Mai 2001, als nach Schalkes knapp verpasster Meisterschaft in vielen Zeitungen zu lesen war: „Der Fußballgott ist kein Schalker." Demzufolge hätte er Bayer sein müssen. Zumindest Manchester United hat aber bewiesen, dass auch das nicht der Fall sein kann. Wie dem auch sei, die Bayern haben auf jeden Fall einen → ***Kaiser*** bzw. eine → ***Lichtgestalt***.

Grottenkick *der*

Einen „Kick" holt man sich bei etwas, das so richtig Spaß macht. Kein Wunder also, dass Fußballfans den Begriff „Kick" auch gleichbedeutend mit „Fußballspiel" verwenden. Der Wortbestandteil „grotten-" hingegen lässt nichts Gutes ahnen – kennen wir ihn doch von „grottenschlecht" oder „grottenfalsch". Und in der Tat: Verwendet ein Fan den Ausdruck „Grottenkick", so verbergen sich dahinter grenzenlose Enttäuschung und tief empfundener Weltschmerz, wenn die eigene Mannschaft mal wieder so richtig „unterirdisch" gespielt hat.

HÄTTEN SIE'S GEWUSST?

Die Bundesliga startete mit der Saison 1963/64. Der einzige Verein, der seit der Gründung immer in der 1. Liga spielte, ist der Hamburger SV. Dessen Mittelstürmer Uwe

Seeler war mit 30 Toren auch der erste Torschützenkönig. Die schlechteste Heimbilanz der Bundesligageschichte hat der SC Tasmania Berlin, der – mit der 3-Punkte-Regel gerechnet – in der Saison 1965/66 nur 9 Punkte zu Hause holte. Die schlechteste Auswärtsbilanz hat der 1. FC Nürnberg, der in der Saison 1983/84 auswärts gänzlich leer ausging. Überflüssig zu bemerken, dass beide Teams in der jeweiligen Saison aus dem Oberhaus abstiegen.

FUSSBALLDEUTSCH – H

A-Z **Härte** *die*

Die Wendung „gesunde Härte" wurde für würdig befunden, in den Duden aufgenommen zu werden, und wird dort wie folgt erklärt: … *bis an die Grenze des Erlaubten gehender körperlicher Einsatz*. Das ist ebenso schön formuliert wie falsch. Denn wenn ein Trainer die erlittenen Blessuren des Gegners mit der Bemerkung abtut, die eigene Mannschaft hätte eben eine gesunde Härte an den Tag gelegt, so bedeutet das nicht mehr und nicht weniger, als dass sie bei den Zweikämpfen Verletzungen der Gegenspieler nicht nur billigend in Kauf genommen, sondern aktiv darauf hingewirkt hat – vgl. ***Blutgrätsche***.

A-Z **Hattrick** *der*

Traum eines jeden Feldspielers ist es, einmal im Leben einen Hattrick zu erzielen, d. h. innerhalb einer Halbzeit drei Tore zu schießen, ohne dass ein anderer Spieler

dazwischen trifft (auch „lupenreiner Hattrick" genannt). Das Deutsche ist bei der Definition des Begriffs übrigens strenger als das Englische, wo man bereits von einem Hattrick spricht, wenn ein Spieler überhaupt drei Tore in einem Spiel erzielt.

Den eindrucksvollsten Hattrick der Bundesligageschichte erzielte 1991 Michael Tönnies, ein Spieler des MSV Duisburg: Er benötigte dafür nur fünf Minuten.

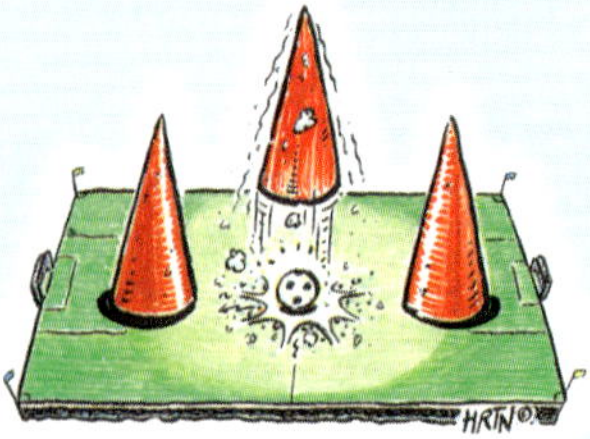

Übrigens: Der Begriff stammt eigentlich aus dem Cricket. Mitte des 19. Jahrhunderts gelang es zum erstem Mal einem Bowler (= Werfer), aus drei aufeinander folgenden Bällen drei „Wickets“ zu erzielen. Als Auszeichnung dafür soll er einen weißen Hut (englisch *hat*) erhalten haben.

A-Z **Höchststrafe** *die*

1 Für einen Abwehrspieler: wenn er einen ···› ***Beinschuss*** hinnehmen muss, indem ihn ein gegnerischer Stürmer ···› ***tunnelt***, d. h. ihm den Ball durch die Beine spielt und ihn so fürchterlich alt aussehen lässt; bei Wiederholung droht eine spontane Überreaktion des getunnelten Spielers, die ihrerseits zu einer anderen Höchststrafe führen kann – vgl. ***Gelbe und rote Karte***.

2 Für den Torwart: wenn er ein besonders blödes Tor hinnehmen muss, etwa einen ···› ***Beinschuss***, bei dem ihn ein gegnerischer Stürmer ···› ***tunnelt***, d. h. ihm den Ball durch die Beine ins Tor spielt – vgl. auch **1**.

A-Z **Hosenträger** *die*

Sieht man auf dem Spielfeld eher selten, weil sie bei den eleganten Bewegungsabläufen hinderlich sein könnten. Dennoch ist von Sportjournalisten immer wieder mal der Satz zu hören, ein Stürmer hätte dem Torwart den Ball durch die Hosenträger geschoben, womit anschaulich beschrieben wird, dass der Ball genau durch die Beine (···> ***Beinschuss***) gespielt wurde, also durch die Körperteile, die die Hose tragen.

FUSSBALLDEUTSCH – J

A-Z **Joker** *der*

Gibt es nicht nur beim Kartenspiel, sondern auch im Fußball: Hier ist der Joker ein Spieler, der 80 Minuten schmollend auf der Ersatzbank sitzt, dann vom Trainer ein-

gewechselt wird und innerhalb von 60 Sekunden das entscheidende Tor schießt. Es gibt den Mythos vom typischen Joker, der kein Bein auf den Boden bekommt, wenn er bei einem Spiel von Anfang an dabei ist. Gemessen an seiner Einsatzzeit ist der Joker der Spieler mit dem höchsten Stundengehalt. Top-Joker der Bundesliga ist Alexander Zickler, früher FC Bayern, mit 18 erzielten „Joker-Toren".

A-Z **Kaiser** *der*

1. Abgeleitet vom Familiennamen des römischen Politikers Julius Caesar, übernommen ins Germanische und zum Althochdeutschen hin abgewandelt zu *keisar*; Titel des höchsten Herrschers in Monarchien.

2. Seit 1968* Franz Beckenbauer, früher ··➝ ***Libero*** von Bayern München und der deutschen Nationalmannschaft, später ··➝ ***Teamchef*** beider Mannschaften, in dieser Funktion mit der Nationalmannschaft 1990 Weltmeister, Präsident des FC Bayern München etc. Obwohl Deutschland eine Republik ist, werden mit dem Titel gewisse Privilegien verbunden: So ist der „Kaiser" z. B. dafür bekannt, dass er in Interviews hartnäckig an vagen Aussagen festhält („Schau mer mal"). Auch seine kaiserliche Pflicht, den Fortbestand der Dynastie zu sichern, nimmt er durchaus ernst.

* Anlässlich eines Freundschaftsspiels des FC Bayern München in Wien ließ er sich neben einer Büste des österreichischen Kaisers Franz Joseph fotografieren. Die Medien gaben ihm daraufhin den Namen „Fußball-Kaiser".

„" SCHLAUE SPRÜCHE

„Inzwischen ist es schon so, dass Franz Beckenbauer sich im Hubschrauber unterwegs selbst zuwinkt." Oskar Beck (Welt 20.6.2005) über die Allgegenwärtigkeit des OK-Chefs, Bayern-Präsidenten, Bild-Kolumnisten, Ex-Weltmeisters, Anwärters auf den UEFA-Vorsitz …

A-Z **Karte** *die*

Karten spielen im Fußball eine größere Rolle, als allgemein bekannt ist. So ist z. B. das gemeinschaftliche Skat- oder Schafkopfspiel bei Auswärtsfahrten im Bus ein gern gepflegtes Ritual. Unbestätigten Gerüchten zufolge soll bei manchen bayerischen Vereinen fortgeschrittene Fertigkeit im Schafkopfen Bedingung für das Zustandekommen eines Vertrags sein.

Wird es für ein Team gegen Ende des Spiels kritisch, setzt der Trainer oft alles auf eine Karte und bringt seinen ···> ***Joker***. Wenn das einige Male schief geht, hat er selbst schlechte Karten.

Ach ja – und da sind natürlich noch die gelbe und die rote Karte, die der Schiedsrichter zückt, wenn es ihm zu bunt wird (vgl. ***Gelbe und rote Karte***).

KAUGUMMI

Laut Lexikon:

Feste, durch Kauen gummiartig werdende Masse aus Chiclegummi (aus dem Saft des Sapotillbaumes vornehmlich in Mittelamerika) oder synthetischen Gummistoffen unter Zusatz von Zucker und Aromastoffen. Die Gummimasse kann nicht verdaut werden.

Kaugummi – das ist der Stoff, der in jedem Spiel dabei ist. Ganz legal und während des Spiels total unauffällig. Nein, im Gegenteil: Durch Kaugummi sieht Fußball erst so aus, wie wir ihn verinnerlicht haben.

Man stelle sich ein „kaugummifreies" Spiel vor: Das zieht sich! Stillstand ist Rückschritt und der ist so ausgeschlossen, denn Kaugummi sorgt für dauerhafte Bewegung. Und ist es nicht das, was wirkliche und selbsternannte Trainer immer wieder von den Akteuren fordern?

Ganz besonders wichtig ist Kaugummi deshalb für den Torwart, insbesondere für den des deutschen Meisters, denn der hat eben am seltensten an schweren Prüfungen durch die gegnerischen Teams zu kauen. Und um bei latenter Beschäftigungslosigkeit nicht in einen träumerischen oder gar schlafähnlichen Zustand zu verfallen, bekommt er mit dem Kaugummi etwas, an dem er zu kauen hat. Nicht zu verwechseln mit „kauern"; am Boden kauern – wenn man einen vermeidbaren Gegentreffer zu verdauen hat. Kaugummi ist im Übrigen ja auch gar nicht zu verdauen, weder vom Magen noch von anderen Menschen.

Letzteres gilt in erster Linie für die Sorte Mensch, die sich nach dem Spiel mit einem weiterkauenden Fußballer ernsthaft zu unterhalten versucht – die Journalisten. Die müssen sich klein vorkommen, hilflos, ja im Extremfall nicht beachtet! Denn während der Journalist eifrig und im besten Fall zielgerichtet seine drängenden Fragen formuliert, ist sein Gegenüber offenkundig mit einer ganz anderen Aufgabe beschäftigt – mit einer Art Sisyphusarbeit, dem permanenten Wegarbeiten einer Masse, die einfach nicht zu bewältigen ist und die die ganze Aufmerksamkeit des Kauenden zu beanspruchen scheint.

Und weil das wahrscheinlich auch meistens so ist, kommt es nicht selten zur maximalen Nichtbeachtung: Während Ober- und Unterkiefer in einem rhythmischen Hin und Her und Auf und Ab schwer beschäftigt sind, wandert der Blick sozusagen als Ausgleich für die permanente Aktivität in der unteren Gesichtshälfte starr auf einen Fixpunkt irgendwo weit entfernt am Horizont in einer imaginären Welt der Ruhe und Entlastung – und damit eben auch weg von den wissbegierigen Augen des Fragenstellers. Wer denkt, das müsse unweigerlich in einer zwischenmenschlichen Katastrophe enden, der irrt. Denn natürlich kennt der geschulte Interviewer dieses Prozedere und macht nicht den Fehler, es persönlich zu nehmen. Denn er weiß ganz genau: Trotz allem bzw. dem Kaugummi zum Trotz wird es eine Antwort, mindestens eine Reaktion geben.

Und die Sätze, die man dann vernimmt, haben eine wohlüberlegte Anmutung allein dadurch, dass sie nicht rasend schnell herausgeschossen werden (was die Gefahr bergen würde, dass mit den Worten auch der Kaugummi Reißaus nehmen könnte), sondern mit Bedacht in Sequenzen zwischen einzelnen Kauvorgängen eingearbeitet werden. Das gibt dem Ganzen den Anstrich einer fundierten Meinungsäußerung! Ja, man ist versucht, auch bislang kaugummiresistenten Sportfreunden das Kauen von Kaugummi zu empfehlen, besonders notorischen Schnellquasslern und solchen, die dazu tendieren, unüberlegt Geäußertes zeitnah wieder zurückzunehmen.

Als Fazit kann man dem Journalisten eigentlich nur raten, sich kurz vor dem Interview ebenfalls ausreichend mit Kaugummi zu bewaffnen. Dann würde alles gut werden. Zumal es jetzt ganz neue Erkenntnisse in Sachen Kaugummi geben soll. Es war nur eine winzig kleine Randnotiz in einer überregionalen Tageszeitung, die eigentlich eine dicke Überschrift verdient gehabt hätte (aber wahrscheinlich fehlte einfach nur der Platz an dem Tag). Darin stand, dass Wissenschaftler (ich meine, es waren Briten) herausgefunden haben, dass Kaugummi-Kauen die Intelligenz fördert. Denn das beständige Kauen regt den Kreislauf und damit auch den Denkapparat an – auch wenn es manchmal nicht so aussieht.

Im Vertrauen: Dem Fußballer und dem Sportjournalisten war das schon lange klar.

A-Z **Kicker** *der*

1 Umgangssprachlicher Ausdruck für den gemeinen Fußballspieler, mitunter auch Bestandteil von Vereinsnamen wie „Kickers Offenbach", „Stuttgarter Kickers" usw.

2 Beliebtes Geschenk für den alternden Fußballfan, dessen Beine keine aktive Betätigung auf dem Platz mehr zulassen. Dabei werden ca. 10 cm große, an drehbar gelagerten Stangen befestigte Holzpüppchen zu Therapiezwecken eingesetzt.

3 Zentralorgan der deutschen Fußballfans; von Letzteren ebenso verschlungen wie einst die „Peking-Rundschau" von den Maoisten, der „Wachturm" von den Zeugen Jehovas oder die „Emma" von Fußballgegnerinnen.

„" SCHLAUE SPRÜCHE

„Konzeptfußball ist, wenn ein Team gewinnt und man sich keinen Spieler merken kann." Christian Eichler (FAZ 23.4.2005)

A-Z **Kopfball** *der*

Das Spielen des Balles mit dem Kopf – neben Sprungkraft und Technik ist hierfür auch eine gewisse Körpergröße von Vorteil. Extrem ungesund ist der Versuch, einen Kopfball anzusetzen, wenn der Ball sich in einer Höhe von 0 bis 100 cm über der Grasnarbe befindet. In der Saison 2004/2005 wurden übrigens 22% der Treffer per Kopf erzielt.

A-Z **Kopfballungeheuer** *das*

Ehrenname des ehemaligen Bundesliga- und Nationalspielers und jetzigen DFB-Jugendtrainers Horst Hrubesch, der viele von seinen 136 Bundesligatoren mit

dem Kopf erzielte. Unverzichtbar hierfür waren die präzisen Bananenflanken seines Mitspielers Manfred Kaltz.

KRIEG

Es war ein herrlicher Frühlingstag. Der erste wirklich warme des Jahres. Mühelos schob der zwischendurch leicht auffrischende Südostwind ein paar vereinzelte Wolkenfetzen über die ovale Stadionrosette, ohne jedoch das beherrschende Blau hoch über dem Dach auch nur annähernd trüben zu können. Es war der optimale Tag für ein großes Spiel – mit besten „äußeren Bedingungen", wie man so schön sagt.

Draußen vor den Toren der Arena konnte man die Hitze hören, und drinnen trieb sie einem den Schweiß über den Rücken – eiskalt begeisternd. Beide Mannschaften hatten ihre Positionen eingenommen, alles wartete gespannt auf den Beginn. Dann – ein tiefer Luftzug. Für einen kurzen Moment schienen alle den Atem anzuhalten, bevor es mit dem langgezogenen, Aufmerksamkeit einfordernden Pfeifton losging:

Aus heiterem Himmel schlug plötzlich eine Granate ein! Einige Zuschauer schrien auf, als wären sie getroffen worden, andere bejubelten voller Hohn das Elend des Gegners. Schließlich ging es hier gegen den Erzfeind! Die Reaktion ließ nicht lange auf sich warten. Erst ein kaum wahrnehmbarer Schuss, dann wurde der Gegner regelrecht unter Feuer genommen. Die Truppe um den Bomber der Nation fuhr nun einen Angriff nach dem anderen, sodass die Verteidigungslinie der gegnerischen Abwehr immer weiter zurückgedrängt wurde.

Es wurden einige Ausbrüche und Durchbrüche versucht, aber minutenlang konnte man sich nicht aus dem Belagerungszustand befreien. Mit zunehmender Dauer wurde es ein offener Fight, Mann kämpfte gegen Mann, und die lautstarken Befehlshaber (allen voran der General), die außerhalb des Feldes standen, forderten hysterisch, den Gegner noch kompromissloser zu attackieren. Auf dem Feld tobte jetzt eine wahre Schlacht. Es ging nur noch ums nackte Überleben. Der letzte Angriff der wie wild anrennenden Truppe, die noch keinen Treffer zu verzeichnen hatte, die Deckung des Gegners plötzlich nicht mehr richtig organisiert, und schon kam ein Geschoss durch – treffsicher Richtung Ziel. Aber der Teufelskerl auf der Grundlinie konnte diese Granate gerade noch mit einem Husarenstreich entschärfen. Er war der Held dieses erbitterten Kampfes gegen eine Elite aus lauter Legionären. Noch lange nachdem der Schiedsrichter das Duell der beiden fußballerischen Großmächte beendet hatte, hallten die Gesänge der Schlachtenbummler über das teilweise zerstörte Feld.

Der Lärm der letzten Stunden verzog sich langsam mit dem nachlassenden Abendwind, und die Sonne tauchte endgültig hinter das umspannende Tribünendach ab. Zurück blieben ein beinahe stehendes, leicht abgekühltes Luftgemisch aus Schweiß-, Rasen- und Erdduft und die Ahnung eines langsam entschwindenden historischen Augenblicks. Es muss ein ganz großartiger Tag gewesen sein – so die Vermutung des zu späten Ankömmlings.

Es sind die großen, nicht selten historischen Vergleiche, die den Sport über sich selbst erheben. Verbale Extremitäten, die aus einem unterhaltsamen Fußballspiel mit Toren, viel Bewegung und so mancher guten Idee eine kriegerische Auseinandersetzung machen. Spieler und Funktionäre mutieren sinnbildlich zu uniformierten Militärs. Spiele werden nicht gewonnen, sondern Schlachten geschlagen. Die Heroen kommen in die Ahnengalerie. Die martialische Sprache macht aus dem sportlichen Miteinander ein emotional aufgeheiztes Gegeneinander. Eine künstliche Hochstilisierung, die qualitativ guter Sport gar nicht nötig hat. Ein Kriegsjargon, der zu Recht immer wieder in der Kritik steht, wenn er extrem und einseitig angewendet wird. Was so möchtegernsubtil daherkommt, Eloquenz suggerierend, ist in Wirklichkeit nur Ausdruck einer verbalen Einfallslosigkeit. Es ist der einfachste Weg, denn bei Ausdrücken wie Granate, Bomber, Schuss, Truppe etc. hat jeder sofort eine Assoziation parat. Offensichtlich versteht manch einer doch mehr von Kriegen als von Fußball – ein lohnendes Ziel, dies zu ändern!

„“ SCHLAUE SPRÜCHE

„Wir haben derzeit keine Waffengleichheit." (Karl-Heinz Rummenigge, Januar 2001 über die unterschiedlichen finanziellen Handlungsspielräume zwischen deutschen und südeuropäischen Clubs.)

„Kahn akzeptiert, jedoch mit einem Knirschen der Zähne, das von Leipzig bis Fröttmaning zu hören ist." Matti Lieske (taz 29.6.2005) über die Torwartrotation in der Nationalmannschaft

FUSSBALL UND KUNST

Fußball kann selbst Kunst sein – man spricht nicht grundlos vom „Dribbelkünstler" oder vom „Kunstschuss". Als Kommentator preist man mitunter die „hohe Fußballkunst", die auf dem Rasen zelebriert wird. Hier soll von der bildenden Kunst die Rede sein, in dem Sinne, dass sie Fußball zum Gegenstand nimmt, ihn künstlerisch darstellt und interpretiert.

In den 20er-Jahren des 20. Jahrhunderts entdeckten Bildhauer wie Renée Sintenis den Fußball spielenden Körper als Motiv der plastischen Kunst. Jüngstes Beispiel – wenn auch reduziert auf das Wesentliche – ist die Plastik von Uwe Seelers rechtem Fuß, die im Eingangsbereich der Hamburger AOL-Arena steht.

Besondere Authentizität erhält die künstlerische Betätigung zum Thema Fußball dann, wenn aktive oder ehemalige Fußballspieler zum Pinsel greifen.

Rudi Kargus zum Beispiel: Er spielte zwischen 1971 und 1987 als Torhüter in Bundesliga und Nationalmannschaft. Nach Beendigung seiner aktiven sportlichen Karriere begann er, sich der Malerei zu widmen, und Fußball ist ein Thema, dem er sich aufgrund der eigenen Biographie mit besonderem Einfühlungsvermögen nähert. Dies zeigt das folgende Bild, in dem es dem Maler Kargus gelungen ist, die Dramatik einer packenden Strafraumszene so umzusetzen, wie sie vom Torhüter Kargus unzählige Male erfahren wurde.

„Im Bruchteil einer Sekunde, immer den Ball im Auge"

A-Z **La Ola** *die*
Die „Welle" hat sich seit der WM 1986 (in Mexiko) auch in Europa ausgebreitet. Eine Art rhythmische Sportgymnastik, mit der sich die Zuschauer die Zeit vertreiben bzw. im Winter versuchen, sich warm zu halten. Ursprünglich war die La Ola als Ausdruck der Begeisterung gedacht, aber inzwischen feiern sich die Fans damit immer häufiger einfach selbst, wenn das Spiel ohne Spannung ···> ***dahinplätschert***.

LEO SUPERSTAR

Leo! Das ist der bekannteste Fußballer in Deutschland. Nachname? Braucht er nicht! Er hat kein Alter, kein Geld, sieht nicht gut aus (aber auch nicht schlecht) und ist der einzige Fußballer, der keinen Spielerpass benötigt. Leo braucht sich um nichts zu kümmern: Er ist immer ablösefrei und kann zu jeder Zeit in jeder Mannschaft mitwirken. Leo ist perfekt, absolut verletzungsresistent und auf jeder Position einsetzbar.

Leo schießt nicht, stört und foult nicht. Er flucht, meckert und läuft nicht und kann sich alles und nichts erlauben.

Aber wozu ist er dann überhaupt da? Was ist seine Profession, Motivation oder Verwendungsmöglichkeit?

Leo ist die immer hilfsbereite Persönlichkeit. Ein Mann von der „schnellen Truppe" – imaginär, einfach so im Raum stehend! Er ist durchlässig und läuft durch. Er hindert einen Spieler der eigenen Mannschaft daran, einem besser Postierten den Ball wegzuschnappen – und kann allein dadurch ganze Spiele entscheiden.

Wer Leo nicht kennt – oder ihn gar vergisst, der hat ein Problem. Dem drohen gegnerische Freistöße aus nächster Tornähe, Ballverlust oder das jähe Ende eines verheißungsvollen Angriffs. Kennen Sie Leo? Leo ist der Beweis, dass Fußball nicht nur körperintensiv, sondern auch sehr kreativ sein kann.

Er wurde geboren – theoretisch – als eine Idee, wertvoll für die Praxis. Es gibt ihn nur deshalb, weil die meisten Schiedsrichter pfeifen, wenn ein Spieler einem anderen „Weg da!", „Lass!" oder „Hab ich!" zuruft, um klar zu machen, dass der Ball bei ihm besser aufgehoben ist bzw. dass er ihn sicher hat.

So ruft zum Beispiel seit Urzeiten jeder Torwart laut nach Leo, wenn er meint, locker an den Ball zu kommen – und schon macht der Verteidiger sofort den Weg frei, auch wenn er Klaus, Günther oder Alexander heißt. Denn irgendwelche Namen zu rufen, ist nicht verboten. Und keiner ist so schön kurz und geht so flott über die Zunge wie er: Leo!

Problematisch wird die Sache nur in einem Fall: wenn es einen wirklichen, leiblichen Leo in der Mannschaft gibt. Denn entweder wird dieser verrückt, weil er ständig von allen Seiten gerufen wird – oder er zieht immer gerade dann zurück, wenn der Gegner das will. Deshalb an alle fußballbegeisterten werdenden Eltern:

Taufen Sie Ihren Sohn besser nicht auf den Namen Leo!

Libero *der*

Vom lateinischen *liber* (= frei) abstammend, bezeichnet das Wort die Position des „freien Mannes" in der Abwehr, der keinen direkten Gegenspieler zu decken hat und sich deshalb auch kreativ mit in die Offensive einbringen kann. Die Inkarnation des Liberos war Franz Beckenbauer. Als er 1982 vom aktiven Sport zurücktrat, versuchten in der Folge immer wieder Spieler, die Rolle des Liberos zu übernehmen – mit eher bescheidenem Erfolg. Folgerichtig wurden schließlich Dreier- und Viererkette erfunden und der Libero abgeschafft. Nachdenkenswert ist auch der philosophisch angehauchte Ansatz des ostfriesischen Fußballexperten Otto Waalkes, der den Begriff auf das lateinische *libri* (= Bücher) zurückführt, wonach der Libero der einzige des Lesens mächtige Spieler der Mannschaft sei.

Lichtgestalt *die*

Die Lichtgestalt des deutschen Fußballs ist der ··· ***Kaiser***, der immer dann aus seinen Kitzbühler Bergen herabsteigt, wenn die Not am größten ist, wie z. B. 1993 beim FC Bayern München, dessen Mannschaft er im tiefsten Elend als ··· ***Teamchef*** übernahm und sie prompt zur deutschen Meisterschaft führte. Da er in Sachen des deutschen Fußballs jahrelang pausenlos unterwegs und in den Medien omnipräsent war, ist Deutschland um eine Fußball-WM reicher geworden.

„“ SCHLAUE SPRÜCHE

„Fußball ist auf dem Platz. Und dort muss der Ball vorne rein und hinten darf man keinen kriegen – das ist überall gleich. Alles andere, was da drumherum gemacht wird, mit neuen, phantastischen Trainingsmethoden und so weiter, können Sie getrost vergessen. Das wird in der Regel ja auch nicht von Fußballern gemacht, sondern von Wissenschaftlern." Hans Meyer, Trainer (Im Interview mit der taz 20.04.2002)

„Wenn man ein paar andere Ideen als die üblichen hat, ist man sofort ein Theoretiker, und das ist im Fußball in Deutschland ein absolutes Schimpfwort." Ralf Rangnick, Trainer

FUSSBALLDEUTSCH – M

A-Z **Manager** *der*

Im Englischen ist damit der Trainer gemeint, im Deutschen der sportliche Leiter eines Vereins, der auch für das Finanzielle verantwortlich ist bzw. die Leitung der Lizenzspielerabteilung innehat. Über die Boulevardpresse ausgetragene verbale Scharmützel zwischen den Managern bilden häufig das Vorspiel zur sportlichen Begegnung und dienen dem Zweck, den Verkauf von Eintrittskarten zu fördern.

Mauer *die*

Bei einem Freistoß wird eine Mauer aus Spielern in gefährlicher Nähe zum Tor aufgestellt. Wenn sie vom Torhüter richtig dirigiert bzw. positioniert wird, wenn sie also gut steht, landet ein Freistoß in derselben. Wenn sie löchrig ist bzw. ein begnadeter Freistoßschütze den Ball um sie herumzirkelt, leidet der Torhüter. Spieler leiden, wenn der Ball mit voller Wucht in die Mauer gedroschen wird. Im Unterschied zu einer Mauer aus Stein kann eine Mauer aus Spielern hochspringen – und so den Ball in der Luft abwehren. Clevere Schützen nutzen das aus und spielen den Ball auch schon mal unter der Mauer hindurch.

Hartnäckig hält sich das Gerücht, dass der DFB-Schiedsrichterobmann Krug – etwa zur Erhöhung der Einschaltquoten? – den Spielern in der Mauer verbieten will, mit den Händen das Allerheiligste zu schützen, indem beim Kontakt zwischen Ball und schützenden Händen auf absichtliches Handspiel entschieden werden soll, was im Strafraum ···› ***Elfmeter*** bedeuten würde.

„“

SCHLAUE SPRÜCHE

„Wem gehört der Nationalspieler? A. Dem Deutschen Fußball-Bund? B. Dem deutschen Volk? C. Dem FC Bayern München? D. Sich selbst? Im Zweifelsfall ist natürlich Lösung C." Philipp Selldorf (SZ 25.7.2002)

FUSSBALLDEUTSCH – N

A-Z

Notbremse *die*

Ein Verteidiger „zieht die Notbremse", wenn er einen gegnerischen Stürmer zu Fall bringt, um eine klare Torchance zu verhindern. Resultat: Strafstoß für das Opfer, Duschen für den Täter. Anders als bei der Deutschen Bahn wird das Ziehen der Notbremse im Fußball immer bestraft.

FUSSBALLDEUTSCH – O

A-Z

Oberhaus *das*

In Großbritannien die zweite Kammer des Parlaments, in der die aristokratische Elite des Landes sitzt und nichts entscheidet, im Fußball die 1. Liga, in der die fußballerische Elite des Landes läuft und entscheidet, wer Meister wird.

FUSSBALLDEUTSCH – P

Pferdekuss *der*

Weitgehend unbekannt bei Nichtsportlern oder Betreibern von körperlosen Sportarten. Ein Pferdekuss ist die ebenso schwungvolle wie äußerst schmerzhafte Kollision eines Oberschenkels mit dem Knie eines Gegenspielers. Das Ergebnis kann für längere Zeit wie ein überdimensionierter Knutschfleck aussehen.

Pfosten *der*

Im Fußball hatten die Tore bis in die 1960er-Jahre viereckige Holzpfosten, die wegen der Verletzungsgefahr durch runde Aluminiumpfosten ersetzt wurden. Der Abstand zwischen den Innenseiten der Pfosten ist exakt 7,32 m. Sie tragen die Querlatte, deren Unterseite 2,44 m vom Boden entfernt ist. Die so gebildete Fläche von

17,8608 m^2 ist das → ***Eckige***, in das nach Ansicht der gegnerischen Stürmer das → ***Runde*** soll. Dies zu verhüten, ist wiederum Aufgabe des Torhüters. Von ihm heißt es oft, er „stehe zwischen den Pfosten". Nähme er diese Arbeitsplatzbeschreibung wörtlich, säße er schnell zwischen allen Stühlen, weil Trainer und Mitspieler anderes von ihm erwarten. Seine Aufgabe ist es vielmehr, zwischen den Pfosten hin und her zu flitzen, zu hechten und zu fliegen, sich in die richtige Ecke zu werfen, den Ball herunterzupflücken oder doch zumindest wegzufausten – alles Aktivitäten, die mit passivem Herumstehen schwer umzusetzen wären.

HÄTTEN SIE'S GEWUSST?

Fußball wurde in seinen Anfängen mit durchaus bescheidenen Mitteln gespielt. Unter anderem bestand das Tor bis 1875 nur aus den beiden Pfosten und einer zwischen ihnen gespannten Schnur. „Lattenkracher" waren damals also noch unmöglich.

SCHLAUE SPRÜCHE

„Das Spiel um Platz drei genießt unter Fußballern ähnliche Wertschätzung wie eine Aduktorenzerrung oder Hammerzehen." Ludger Schulze (SZ 27.6.2005)

A-Z **pressen**

Hat weder etwas mit Druckerpressen noch mit Obstsaft zu tun. Einen Bezug zum Geburtsvorgang könnte man allenfalls in der Person der Trainerlegende Ernst Happel sehen, der das Pressen „erfunden“ und dadurch in den 1980ern die Geburtsstunde einer großartigen HSV-Mannschaft eingeläutet hat. Vom englischen *pressing* abgeleitet, bedeutet der Begriff, dass die ballführende Mannschaft ständig am kontrollierten Spielaufbau gehindert wird. Die mit diesem „Draufgehen“ verbundenen körperlichen Anstrengungen werden von Standfußballern als Zumutung empfunden.

PROST FUSSBALL!

Ich sehe es vor mir, als wäre es gestern gewesen: 1982, Wembley Stadion, englisches Cup Finale Tottenham – Queens Park Rangers. Wir waren überwältigt von der Atmosphäre, berauscht von dem fairen, aber kampfbetonten Spiel – und entsetzt über eine Hand voll viel zu gut gekleideter Menschen, die hoch oben hinter geräuschschluckenden Glasscheiben einander gegenübersaßen und dinierten. Wie konnte man während dieses aufregenden Spiels nur an Essen denken statt den Blick hochkonzentriert und gefesselt auf das Geschehen unten auf dem Rasen zu richten?

Was damals unsere geballte Verachtung verdiente (aber auch nur kurz, weil uns das Spiel sofort wieder gefangen nahm), ist heute in jedem Bundesligastadion reale Notwendigkeit und völlig normal. Für manch einen ist es sogar richtig chic. Es wirkt so cool, dass plötzlich auch viele Menschen ins Stadion gehen, die sich eigentlich gar nicht für Fußball interessieren. Man lernt ein paar Fachausdrücke (3- bis 4-mal 90 Minuten im TV, und man hat sie drauf!), prägt sich ein paar Spielernamen ein (vor allem auch den einen oder anderen Ersatzspieler, das suggeriert hohe Fachkompetenz!), und schon kann man dabei sein. Ja sogar mittendrin! Anerkannt – angesehen – satt. Dabei muss man sich gar nicht ständig auf die schweißtreibende Arbeit da unten auf dem Rasen konzentrieren: Fernseher links, Monitor rechts und genau in Blickrichtung am Gegenüber vorbei – so bekommt man locker die wichtigsten Szenen zum Mitreden aus dem Augenwinkel mit. Eigentlich gibt es nur eine beklagenswerte Kleinigkeit: das Essen!

Das ist selten gut – wahrscheinlich sogar ganz bewusst so von den Vereinen arrangiert. Denn wäre das Essen wirklich uneingeschränkt schmackhaft und bekömmlich, und wäre es dem Besucher am Ende des Spieltages trotzdem übel, so könnte es nur am schlechten Spiel der Mannschaft liegen! Und wer schaut sich schon eine Mannschaft an, von der man Magendrücken bekommt?!

Aber die Entwicklung geht weiter und macht das Publikum noch unabhängiger vom Spiel der eigenen Mannschaft und vom Essen: Es soll gefeiert werden! Der Fußballnachmittag als riesengroße Fete. Insbesondere an einem Bundesliga-Wochenende gibt es nun wirklich keinen Grund mehr, wertvolle Freizeit mit Haareraufen über die Leistung der eigenen Mannschaft oder den entsprechenden Wutausbrüchen zu vergeuden. Und alles andere als schleppend gewöhnen wir uns daran, das erste Fußball-Bier nicht erst zu trinken, wenn es dunkel wird.

Den konsequentesten Ansatz diesbezüglich liefert die „Arena auf Schalke" – hicks – die „Veltins Arena"! Bei Schalke läuft's am Spieltag! Über 30.000 Liter Pils (manchmal sind kaum mehr als 30.000 Zuschauer im Stadion …) werden dann an den Mann oder die Frau gebracht. Und das Bier selbst hat es sich wirklich verdient, in einem Fan-Magen noch einmal kurz aufzuschäumen, um dann weiter unten endlich zur letzen Ruhe zu gelangen!

Bevor der Gerstensaft seinen „natürlichen" Lauf nimmt, hat er nämlich eine sportlich anspruchsvolle Strecke hinter sich. Er läuft über 5000 m durch ein extra installiertes Rohrleitungssystem kreuz und quer durch das neue Veltins Brauausschankhaus – selbstverständlich zu jeder Zeit gekühlt, damit das Veltins (Vorsicht Schleichwerbung!) dabei nicht allzu sehr ins Schwitzen kommt. Dann geht es durch 126 Zapfhähne kurz an die Luft, zu einem kaum erwähnenswerten Zwischenstopp in Zehntausende von Bechern, und anschließend zügig durch die Kehlen der Fans ans Ziel. Ein echter Volkslauf sozusagen, der selbst bei einem schlechten Spiel für große Stimmung sorgt.

Und damit die in Zukunft schon zu Beginn der Fußballpartie auf ihrem Höhepunkt ist, wird es sicherlich nicht mehr lange dauern bis die „schönste und größte Kneipe der Welt" – wie der Veltins-Geschäftsführer meinte – schon am frühen Morgen öffnet. Dann werden auch noch mehr Menschen, die mit Fußball gar nichts am Hut haben, ins Stadion kommen. Denn das Spiel hält sie dann nicht mehr vom Feiern ab, sondern gibt ihnen vielmehr die Möglichkeit, für 2-mal 45 Minuten in den bequemen Stadionsitzen die Augen zu schließen und ein kleines Nickerchen zu machen.

Und dann geht nach der Partie die Party wieder richtig los!

FUSSBALLDEUTSCH – R

A-Z **Raute** *die*
In der Geometrie ist die Raute ein Parallelogramm mit vier gleichen Seiten, im Fußball – bei statischem Spiel – auch. Sie wird als Mittelfeldformation aus einem Defensivspieler, zwei Außenspielern und einem Offensivspieler gebildet und sieht etwa wie folgt aus:

OS

AS AS

DS

Bei entsprechendem Offensivdruck des Gegners besteht die Gefahr, dass die Raute platt gemacht und damit zu einer zweiten ···› ***Viererkette*** wird.

A-Z **Religionsersatz** *der*
Psychologen, Philosophen, Soziologen und Theologen sind sich darin einig, dass Fußball für den wahren

Fan eine Art Ersatzreligion darstellt. Wie der Gläubige allsonntäglich in die Kirche, so „pilgert" der Fußballfan allsamstäglich ins Stadion. Dort wird zunächst gemeinsam der Introitus gesungen, z. B. „Keiner wird es wagen, keiner wird es wagen, unsern XYZ zu schlagen." Das erste lithurgische Zwiegespräch mit dem Stadionsprecher erfolgt dann bei der Mannschaftsaufstellung. Der Stadionsprecher: „Im Tor: Frank ..." – die Gemeinde: „... Rost." usw. Ähnliches ist nach einem von der Heimmannschaft erzielten Tor zu beobachten bzw. zu hören. Anders als bei der kirchlichen Lithurgie bedankt sich der Geistliche hier ausdrücklich bei den Gläubigen für ihre Mitwirkung. Die Messe wird mit einem gemeinsamen Choral abgerundet, etwa „So ein Tag, so wunderschön wie heute ..." oder alternativ „Sch... Millionäre, ihr seid nur sch... Millionäre ...".

Auf dem Feld wird in der Zwischenzeit Fußball zelebriert – für den Fall, dass ein Team es dabei an der gewünschten Andacht fehlen lässt, gibt es in der Pause eine Kabinenpredigt.

HÄTTEN SIE'S GEWUSST?

Kennen Sie die „Jenaer Regeln"? Sie sind im Gegensatz zu manch anderer Regel durchaus sinnvoll, denn nach ihnen dürfen auf Fußballplätzen weder Bäume noch Sträucher stehen ... (erlassen 1896).

ROTZ UND WASSER

Im normalen Leben heult man im Bedarfsfall Rotz und Wasser, beim Fußball „schwitzt man Rotz und Wasser"! – Eine feine Umschreibung für das Ausscheiden von Körperflüssigkeiten – und natürlich nicht wirklich wahr. Denn, um dieser Ausdrucksweise ihre bewusst verniedlichende Attitüde zu nehmen, muss man in aller Deutlichkeit feststellen: Beim Fußballspielen schwitzt man „wie ein Schwein"! Und wenn man mit großem Einsatz und der richtigen Einstellung zu Werke geht, dann läuft die „Suppe" wie verrückt.

Und diese trübe Brühe, die man dabei in so großen Mengen ausscheidet, die würden nicht einmal Menschen, die aus Überzeugung ihren Urin wieder in sich zurückschütten, trinken. Das alles kann bei empfindlichen Gemütern doch ein leichtes Unbehagen auslösen.

Dieses beim Fußball zu überwinden, ist aber nicht wirklich eine Herausforderung. Im Gegenteil, dieser Sport macht erst richtig Spaß, wenn man das Gefühl hat, auf rein gar nichts mehr achten zu müssen. Die Haare klebrig und fettig zugleich, am ganzen Körper transpirierend, freut man sich über jede Steigerung. Damit verbreitet sich ein Gefühl von Freiheit und Ursprünglichkeit. Keine Konventionen, keine Ausgeh- oder Arbeitsuniformen, nur eine knappe, zielgerichtete und zum Glück ja auch immer noch als notwendig erachtete Verkleidung.

So gesehen sind manche aktuellen High-Tech-Produkte der Sportartikelindustrie eigentlich eine völlige Fehlentwicklung. „Membranen" sollen dafür sorgen, dass der Schweiß durch einen ausgeklügelten Kapillareffekt im Trikotmaterial nach außen transportiert wird – also ganz anders als beim traditionellen Vereinsdress, der nur einem Ziel dient: den „Schweiße deines Angesichts" – und damit auch die eigene Leistung – zu verwischen.

Kein Wunder, dass manch einer angesichts dieser Verhältnisse sich körperlich eben nicht mehr so reinhängt. Er hat ohnehin keine Chance gegen die beharrlich und gleichmäßig arbeitenden Trikotfasern. Der oft vermisste „letzte Einsatz" könnte nur mit „dem letzten Hemd" wieder zum Vorschein kommen – bzw. um genau zu sein, mit einem der ersten. Die, bei denen die Baumwolle sich irgendwann einfach vollgesogen hatte. Aufnahmebereitschaft besiegt, Trikot besiegt, sich selbst besiegt! Und wer diesen Prozess hatte beschleunigen wollen, der rutschte einfach erwartungsfroh mit Anlauf in die nächstliegende Pfütze, egal ob dadurch der gegnerische Spieler wirklich gestört wurde oder nicht. Aber all das zieht heute nicht mehr: Die Membranen arbeiten dagegen – gegen den Fußballer, gegen Schmutz und Nässe, gegen das Hochgefühl, dem Alltagstrott entflohen zu sein.

Zum Glück sind wir Fußballer kreativ und auf der Suche nach Alternativen schnell fündig geworden. So bevorzugen manche jetzt z. B. die handgreifliche Auseinandersetzung. Wem das zu weit geht, der macht wenigstens bei der so genannten Rudelbildung mit. Denn was immer zieht, um dieses besondere Gefühl zurückzuerobern, sind fachspezifische Fäkalausdrücke, Wutausbrüche und jede Form von lautstarker oder gestenreicher Auseinandersetzung.

Darüber hinaus gibt es noch eine Sache, die proportional zur Qualitätssteigerung der Trikots zugenommen hat, nämlich das massive Entledigen von Körpersubstanzen auf anderem Wege als durch die Poren. Schließlich heißt es ja auch „Rotz" und Wasser!

Für die Zuschauer war sichtbares Schwitzen zwar deutlich appetitlicher, aber man muss das verstehen: Rotzen ist so etwas wie die letzte Bastion. Und es offeriert sogar zwei Ausführungsvarianten. Entweder wird die Hand seitlich an die Nase gehalten, das eine Loch kurz und abschließend zugedrückt – und dann mit mehreren Atü raus in die Welt. Oder nach einem kurzen Ladevorgang in Mund- und Rachenraum mit einem komprimierten Ausatmer in sichtbarem Bogen durch die Luft. (Manch einer – und das bitte nicht trainieren – trifft sogar haargenau das Gesicht oder wenigstens den Kopf eines Spielers, mit dessen Schweiß er schon so schön in Berührung gekommen ist!)

Aber mal ehrlich: Ist das alles nicht viel unansehnlicher als aufrechtes Schwitzen? Die Textilindustrie hat es jedenfalls nicht anders gewollt – und zu allem Überfluss produziert sie heutzutage nicht nur kaum noch stoffliche Taschentücher, sondern hat auch die Möglichkeit, diese beim Spiel am Mann (oder an der Frau) zu tragen, einfach abgeschafft: Es gibt heute keine Fußballhosen mehr, die wie früher kleine Gesäßtaschen aufgenäht haben. Meine Mutter hat mir in der D-Jugend dort hinein immer ein kleines Taschentuch gesteckt, das ich schon aus Beweisgründen wenigstens einmal benutzt habe. Langer Rede kurzer Sinn: Die Sportartikelindustrie hat eindeutig unseren Fußball unansehnlich gemacht!

HÄTTEN SIE'S GEWUSST?

Deutscher Rekordmeister mit 19 Titeln ist der FC Bayern München. Bis 1987, als die Bayern ihre 10. Meisterschaft holten, durfte sich der 1. FC Nürnberg (mit 9 Meisterschaften) Rekordmeister nennen.

A-Z **Rudelbildung** *die*

Waren früher Spieler mit einer Schiedsrichterentscheidung nicht einverstanden, so bildete sich um den Unparteiischen schnell eine Spielertraube. Rudelbildung kannte man bis dahin vor allem aus dem Tierreich, etwa von Rotwild, Wölfen oder Hyänen. Seit einigen Jahren gibt es die Rudelbildung nun auch im Fußball – sie hat die Spielertraube abgelöst.

Bedeutet diese Verschiebung aus dem Pflanzen- ins Tierreich, dass die „Erfinder" der Rudelbildung die Spieler mit

wilden Tieren assoziieren, den Schiedsrichter mit einem Dompteur, der darauf achtet, dass nur erlaubte Kunststückchen gezeigt werden? Immerhin heißen die meisten Stadien inzwischen „Arena“ – und die gibt es bekanntlich auch im Zirkus.

A-Z **rund**
Haupteigenschaft des Balls, ja die Form, die den Ball erst zum Ball macht – von daher ist der Satz Sepp Herbergers „Der Ball ist rund“ eigentlich banal, quasi doppelt gemoppelt. Oder wollte der ehemalige Bundestrainer der Nachwelt etwa eine verschlüsselte Botschaft zukommen lassen? Denken wir also gemeinsam nach … Reflektierte der Meister über die Unendlichkeit der Kugelform, dach-

te er an die Ameise, die, immerzu auf einem Ball laufend, nie ans Ziel kommt? Zog er damit Parallelen, die sich bekanntlich nie berühren, zum Tun des Fußballspielers? Wollte er uns sagen, dass dieser – indem er dem Ball nachläuft – gleich der Ameise nie ans Ziel kommt? Oder warum gibt es sonst seit unendlichen Zeiten allwöchentlich Fußballspiele?

A-Z **Runde** *das*
Gemeint ist der (bekanntermaßen runde) Ball. Und der muss – wie könnte es anders sein – ins ···› ***Eckige.***

HÄTTEN SIE'S GEWUSST?

Ein deutscher Bundesligaverein hatte zeitweise sogar „himmlischen" Beistand – es handelt sich um den FC Schalke 04, bei dem der 2005 verstorbene Papst Johannes Paul II. seit 1987 Ehrenmitglied war.

FUSSBALLDEUTSCH – S

A-Z **Sack** *der*
Auch im Fußball als Schimpfwort zu hören, etwa von der Trainerbank: „Lauft, ihr faulen Säcke!", womit die bewegungsunwilligen Spieler zu vermehrter Schweißabsonderung motiviert werden sollen. Wenn eine Mannschaft dagegen „den Sack zumacht", dann sichert sie sich

durch einen Treffer endgültig den sich bereits abzeichnenden Sieg.

A-Z **Schiedsrichter** *der*
Regel 5 des DFB-Regelwerks lautet:

Jedes Spiel wird von einem Schiedsrichter geleitet, der die unbeschränkte Vollmacht hat, den Fußballregeln in dem Spiel Geltung zu verschaffen, für das er nominiert wurde. Damit ist er der absolute Herrscher auf dem Platz, der jede Kritik mithilfe der gelben und roten Karte im Keim ersticken kann, er kann Spieler und Trainer vom Spiel ausschließen, entscheidet auf Tor oder Nicht-Tor und ist so Herr über menschliche Schicksale und Millionenetats. Er ist Papst und Diktator zugleich – und der einsamste Mensch auf dem Platz, denn bei jeder Entscheidung zieht er den Hass zumindest eines Teils der Zuschauer auf sich.

„“ SCHLAUE SPRÜCHE

„Im Sport gibt es nichts Schlimmeres als die Rolle des moralischen Siegers." (Dirk Bauermann, Basketball-Trainer)

„Ein guter Schiedsrichter hätte mehr aus dem Spiel gemacht." (Ottmar Hitzfeld)

A-Z **Schwalbe** *die*

Vögel sieht man auf dem Fußballplatz eher selten – mit Ausnahme der Schwalbe, die mit ihrem Namen immer dann herhalten muss, wenn sich ein Angriffsspieler im gegnerischen Strafraum gegebenenfalls laut schreiend und mit schmerzverzerrter Miene zu Boden sinken lässt und auf den Pfiff des Schiedsrichters wartet. Pfeift dieser und hatte die Schwalbe Erfolg, so erfolgt die sekun-

denschnelle Gesundung und es gibt Elfmeter, im anderen Fall gibt es die gelbe Karte für den „Schwalbenkönig". Im Englischen werden „Schwalbenkönige" übrigens als *diver* (= Tauchvögel) bezeichnet.

A-Z **schwindlig**

Angreifer mit hervorragenden Fähigkeiten im Dribbling, die alle möglichen Tricks beherrschen, narren ihren Gegenspieler so sehr, dass diesem ganz schwummrig im Kopf wird. Einen Verteidiger mehrfach schwindlig zu spielen, birgt jedoch das Risiko, dass dieser so die Orientierung verliert, dass er die ··➔ ***Blutgrätsche*** einsetzt.

A-Z **Spielerfrauen** *die*

Die wenigsten sind so wie in der minder erfolgreichen gleichnamigen RTL-Serie. Reiner Calmund meinte in einem Interview: „90% der Spielerfrauen ticken richtig." Gemeint sind damit neben Martina E., Angela H. oder Simone K. all die Spielerfrauen, die es zu Tausenden von der C-Klasse bis zur Bundesliga gibt, die Freundinnen und Ehefrauen von Fußball spielenden Männern. Im Alltag sind sie oft die Leidtragenden des Hobbys ihrer Männer: Bei Niederlagen müssen sie deren schlechte Laune aushalten bzw. psychotherapeutisch tätig werden. Sie sind damit konfrontiert, dass in den 24 Stunden vor dem Spiel („Macht einen nervösen linken Fuß.") und nach dem Spiel („Ich bin fix und fertig.") kein Sex stattfindet. Streng im Sinne Freuds kompensieren sie dies durch ausgiebige Shopping-Touren mit Leidensgenossinnen.

FUSSBALLWITZE

Zwei Spielerfrauen unterhalten sich.
„Bist du eigentlich nicht mehr mit diesem Benno zusammen?"
„Nein – ich habe ihm die rote Karte gegeben."
„Wieso das denn?"
„Verbotenes Handspiel im Strafraum."

HÄTTEN SIE'S GEWUSST?

Die meisten Bundesligaspiele hat Karl-Heinz Körbel (602 Spiele) absolviert, gefolgt von Manfred Kaltz (581 Spiele) und Klaus Fichtel (552 Spiele).

DAS SPIELGERÄT: DER LEIDTRAGENDE, DER BALL!

Er ist bei jedem Spiel dabei. Er kann fliegen, hüpfen, springen und rollen. Manche Fußballer behaupten, sie stünden mit ihm „auf Du und Du". Die meisten müssen ihm nachlaufen, viel zu wenige gehen ihm entgegen. Ohne ihn würde das Spiel nicht stattfinden: Der Ball!

Er verkörpert das Spiel, er ist Weg und Ziel zugleich. Er soll Leben in die Partie bringen! Dabei müsste er eigentlich unentwegt auf Rache aus sein und viele Dellen davontragen! Denn er wird getreten, weggeschlagen und immer wieder ausgetauscht.

Trotzdem: Der Ball ist rund! Und zwar in jeder Lage. Und das liegt nicht nur daran, dass er immer total aufgeblasen daherkommt. Damit der Ball zur runden Sache wird, muss er eine schier endlose Tortur überstehen. Unzählige Male wird er genäht – über 1000 Stiche zwischen den 12 Pentagons und insgesamt 20 Hexagons (den Innereien) muss er über sich ergehen lassen.

Bis zur WM 1982 lebte der Ball homöopathisch: reine Natur – nur Leder. Aber nicht nur zu dieser Zeit, sondern auch danach, als die High-Tech-Phase begann, erlitt er immer wieder unschöne klaffende Wunden. Und spätestens dann war es mit der Rundheit vorbei, und er war raus aus dem Spiel. Heute hat der Ball dagegen tausend Leben. Erst wird er verklebt und dann gequält. Als

wolle man ihn verspeisen, so wird er zubereitet: Zweimal gekocht! Zuerst die Blase, dann werden Blase und Hülle zusammengeschweißt. Wenn er das überstanden hat, bekommt er eine dickere und festere Schicht synthetischen Schaums mit kleinen gasgefüllten Mikroblasen. Und das alles nur, weil die Fußball „hand"-werker dann besser mit ihm arbeiten können. Die vom Spieler investierte Energie wird so optimal zurückgegeben, leider ohne dass der Ball entscheiden darf, ob das in der einzelnen Situation überhaupt sinnvoll ist.

Auch die Elastiziät wird verbessert, was in erster Linie gut für den Fuß des Spielers ist – vielleicht hält es aber auch den Ball optisch länger jung. Vor allem aber entsteht der Eindruck einer stark verbesserten Schusskraft des Schützen. Dabei hat sich nur die Konstitution des Balls verbessert. Ihm ist es mittlerweile egal, ob es heiß oder kalt ist. Ob Winter, ob Sommer, er besticht durch extreme Flugstabilität und Formkonstanz. Dafür hat er hart arbeiten müssen: Mehr als 2000 Mal ist er mit über 50 km/h gegen eine Stahlplatte

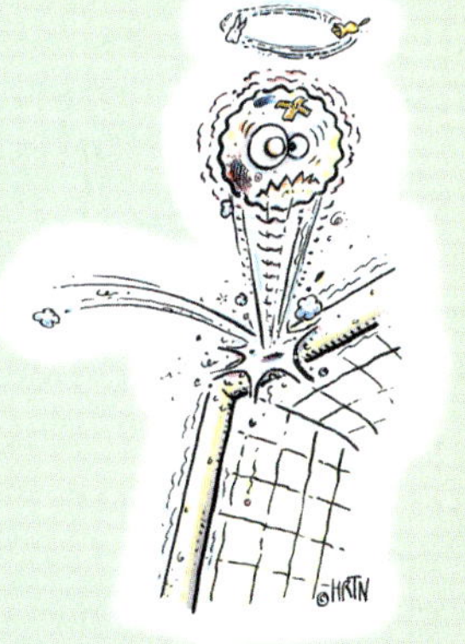

geknallt, mindestens 250 Mal hat er sein Leben riskiert, als man ihn wieder und wieder unter Wasser drückte. In einer heißen Ballformmaschine ist er ins Schwitzen gekommen, und hat er dabei nur einige Gramm zu viel abgespeckt – oder ist er ein wenig zu korpulent geworden, dann war die Luft für ihn raus. Zwischen 410 und 450 Gramm darf er wiegen und muss im Umfang immer Idealmaße zwischen 68 cm und 70 cm aufweisen. Kein Wunder, dass der Ball, der im Fußballgeschäft mit dabei sein will, permanent unter Druck steht – bei 0,8 bar! Und wenn diese Vorgabe nach 72 Stunden nicht mehr erfüllt ist, dann verliert er seinen Job. Dann gibt es niemanden mehr, der ihm wenigstens eine trockene Kammer bietet, regelmäßig eine reinigende Dusche parat hat und ihm ein bisschen Luft verschafft. Dann gibt es aber auch keine Tritte und Fausthiebe mehr von Oliver Kahn und Co; und dann muss er nicht mehr befürchten, dass ihm die Luft wegbleibt, bloß weil sich aus reiner Bequemlichkeit wieder irgendein Spieler auf ihn setzt.

Wie es auch kommt, der Ball ist der Leidtragende, und er weiß, wem er das zu verdanken hat. Und wir Fußballer wissen nun ganz genau, warum der Ball nie unser Freund sein kann!

FUSSBALLWITZE

Während eines Fußballspiels im hohen Norden Deutschlands lässt ein Stürmer von der Strafraumgrenze aus einen gewaltigen Schuss los, wobei er den Fußballschuh verliert. Der Ball landet an der Eckfahne, der Schuh im Netz. Als der Schiedsrichter spontan auf Tor entscheidet, kommt es zu Protesten der einen Mannschaft. Der ungerührte Kommentar des Unparteiischen: „Ledder is Ledder."

A-Z **Standardsituation** *die*

Es muss wohl so sein, dass ein Jazzfan den Begriff prägte. Denn ein „Standard" ist ein einer bestimmten Stilrichtung zuzurechnendes, immer wieder gerne gespieltes Stück – wie die Standardsituation. Wer mit ihr Erfolg hat, liebt sie – und das umso mehr, je öfter er mit ihr zu tun hat. Wer danach dumm dasteht, hasst sie. Wie auch immer: Deshalb üben alle gemeinsam Standardsituationen im Training, immer wieder, immer wieder …

A-Z **streicheln**

Nicht der einzige Begriff in der Fußballsprache, der aus dem Bereich der Erotik stammt (--> ***Defensivbereich, entblößen*** …). Wer den Ball streichelt, zeigt, dass er ein besonders inniges Verhältnis zu ihm aufgebaut hat und ihn als Partner ernst nimmt. Deshalb haut er ihn weder brutal rein, noch hält er einfach drauf oder drischt ihn gar weg. Nein, er geht gefühlvoll mit ihm um.

FUSSBALLWITZE

Totti: Mit Selbstironie gegen Kritiker

Ganz Italien lacht über den römischen Fußballstar Francesco Totti. Diesmal aber nicht über seine vermeintliche Dummheit, sondern über Witze, die er selbst in einem Buch gesammelt und herausgegeben hat. Eine Kostprobe:

Totti ruft seine Freundin an: „Ich sitze an einem Puzzle und werde nicht fertig. Alle Teile sehen gleich aus." – „Was ist das denn für ein Puzzle?" fragt sie. – „Ich weiß nicht. Auf der Schachtel ist ein Hahn … warte mal … ein roter Hahn!" Sie tröstet ihn und verspricht, vorbeizukommen und zu helfen. Am Abend schaut sie erst ihn an, dann die Schachtel und sagt weise: „Na schön, jetzt sammeln wir die Cornflakes wieder ein, und dann vergessen wir die Sache."

Totti zu seiner Freundin: „Du – ich bin super, ich hab gerade das Puzzle fertig. Hat nur vier Monate gedauert." – „Und was soll daran super sein?" – „Na – auf der Packung steht 3–6 Jahre."

In den Geheimkammern des Vatikans wurde ein Zauberspiegel gefunden. Wer vor dem Spiegel lügt, löst sich in Luft auf. Vieri, Gattuso und Totti wollen den Spiegel ausprobieren. Vieri beginnt und sagt: „Ich denke, dass ich der beste Spieler des gesamten Universums bin." Kurz nach-

dem er dies gesagt hat, löst er sich – plopp – in Luft auf. Nach Vieri ist Gattuso an der Reihe: „Ich denke, dass ich der schönste Mann Italiens bin." Sofort verschwindet auch er mit einem Plopp.
Nun ist Totti an der Reihe. Er stellt sich vor den Spiegel, ist seiner selbst aber nicht mehr so sicher, nachdem er beobachtet hat, wie die Sache für Vieri und Gattuso ausgegangen ist. Er konzentriert sich und setzt schüchtern an „Ich denke …" Schon macht es laut plopp, und er löst sich in Luft auf …

FUSSBALLDEUTSCH – T

A-Z **Tackling** *das*
Im Unterschied zur ⋯› ***Blutgrätsche*** hat das Tackling (abgeleitet vom englischen *slide tackling*) das Ziel, den ballführenden Spieler vom Ball zu trennen. Der Angriff gilt dem Ball und nicht dem Spieler. Im Strafraum wird die Sache allerdings heikel, da der vom Ball getrennte Angreifer dort gerne seine Flugqualitäten entdeckt und zur ⋯› ***Schwalbe*** wird.

A-Z **Teamchef** *der*
Was tun, wenn man als DFB einen Wunschkandidaten als neuen Bundestrainer hat, der Kaiser und Lichtgestalt in einer Person ist, aber keine Trainerlizenz besitzt? Man erfindet die Position des Teamchefs. Erstmals 1984 angewandt, entwickelte sich das Modell zum Renner.

A-Z **Torfabrik** *die*

1 Firma Schäper in Münster; stellt seit 1960 Fußballtore her.

2 *übertragen* Überaus erfolgreicher Offensivbereich einer Mannschaft. Wenn die Torfabrik auf Hochtouren läuft, ist es, als würden die Stürmer am Fließband stehen und ein Tor nach dem anderen produzieren.

ER SAGT – ER MEINT

Im Alltag:

Gesagt …
Der Rasen müsste auch mal wieder gemäht werden.
… scheinbar gemeint …
Die Grashalme sind zu lang.
… wirklich gemeint
Setz dich in Bewegung und hol den Rasenmäher.

Im Fußball – Trainer und Manager:

Gesagt …
Ich habe gute Ansätze gesehen.
… scheinbar gemeint …
Ich bin mit der Leistung ganz zufrieden.
… wirklich gemeint
Es war ein Grottenkick.

Gesagt …
Der Ball ist rund.
… scheinbar gemeint …
Der Ball ist rund.
… wirklich gemeint
Was will er eigentlich noch von mir?

Gesagt …
Bei manchen fehlte der letzte Biss.
… scheinbar gemeint …
Manche Spieler zeigten nicht das notwendige Engagement.
… wirklich gemeint
Die faulen Säcke dürfen sich aufs nächste Training freuen!

Gesagt …
Der Spieler gehört weiterhin zum erweiterten Kader.
… scheinbar gemeint …
Er ist Teil der Mannschaft.
… wirklich gemeint
Solange ich hier Trainer bin, sitzt der auf der Bank.

Gesagt …
Das Präsidium steht voll und ganz hinter dem Trainer.
… scheinbar gemeint …
Das Präsidium steht zum Trainer.
… wirklich gemeint
… denn da stehen wir genau richtig, um ihn am Montag zu feuern.

FUSSBALLWITZE

Der wütende Trainer nach einem völlig verkorksten Spiel zu seinem Torhüter: „Du hast so was von schlecht gespielt, die einfachsten Bälle hast du nicht gehalten, du allein hast uns das Spiel vergeigt! Du bist eine Schande für die Mannschaft!" Ein Mitspieler tröstet ihn: „Hör nicht auf ihn, er weiß nicht, was er redet. Er wiederholt nur das, was jeder von uns sagt."

HÄTTEN SIE'S GEWUSST?

Der teuerste Transfer weltweit ...	Zinedine Zidane von Juventus Turin zu Real Madrid: € 73.500.000
... und in der Bundesliga	Amoroso von FC Parma zu Borussia Dortmund: € 25.000.000
Erlaubter Maximalverdienst eines Lizenzspielers in der ersten Bundesliga-Saison 1963/1964:	DM 1.200 pro Monat
Kosten der Fernsehrechte für ARD und ZDF 1965:	DM 647.000
Kosten der Fernsehrechte 2004/2005:	rund € 300.000.000

alle Zahlen Stand Ende 2004

A-Z **Traumtor** *das*

Nicht etwa ein im Traum erzieltes Tor, sondern ein Tor, von dem man als Fußballer vorher oft träumt. Erzielt man es dann wirklich, träumt man auch danach weiter davon, weil es so schön war. Traumtore sind z. B. Schüsse aus 30 m Entfernung, raffiniert angeschnittene Freistöße oder artistische ···› ***Kopfbälle***. Abstaubertore (···› ***Abstauber***) zählen nicht dazu.

A-Z **tunneln**

Dem verteidigenden Gegenspieler den Ball durch die Beine zu spielen, ist für den Tunnelnden ein Hochgenuss – für den Getunnelten die ···› ***Höchststrafe***. Bei Letzterem können dadurch nicht regelkonforme Kommentare und körperliche Reaktionen ausgelöst werden.

HÄTTEN SIE'S GEWUSST?

Viele Bundesligavereine leben über ihre Verhältnisse: Fast 670 Millionen Euro Verbindlichkeiten lasten auf den 36 Klubs. (Quelle: FAZ vom 25.6.2005)

TUNNEL MICH!
80
80
HRTN © '05

HÄTTEN SIE'S GEWUSST?

Trikotwerbung gibt es im deutschen Fußball seit 1973, als bei Eintracht Braunschweig trotz heftigstem Widerstand von Seiten des DFB das Logo seines Sponsors Günter Mast – Hersteller eines Kräuterlikörs – die Brust der Spieler zierte. Mittlerweile ist Trikotwerbung eine wichtige Einnahmequelle von Vereinen im Profi- wie im Amateurlager.

„“ SCHLAUE SPRÜCHE

„Tschechiens Aufstellung las sich wie ein Druckfehler.“
Süddeutsche Zeitung (24.6.2004)

FUSSBALLDEUTSCH – U

A-Z **UEFA-Pokal** *der*
Einige Stimmen aus europäischen Großvereinen nennen ihn schon mal abschätzig den „Verlierer-Cup“, da im UEFA-Pokal zunächst die Mannschaften spielen, die in ihren nationalen Verbänden eben nicht Meister wurden, sondern auf einem der folgenden Plätze landeten. Auch die Meister kleiner Fußballnationen, die sich nicht für die → ***Champions League*** qualifizieren konnten, müssen im UEFA-Pokal antreten. Wie auch immer – Geld aus Fernsehgeldern wird auch hier verdient und das Nichterreichen des UEFA-Pokals lässt die Finanzen eines Vereins mitunter

in eine ebensolche bedrohliche Schieflage geraten wie den Stuhl des erfolglosen Trainers.

A-Z unabsteigbar
Dieser sprachliche Missgriff der Fans des VfL Bochum wurde in der Saison 1992/93 mit einem sportlichen Misserfolg bestraft: Der VfL stieg aus der 1. Liga ab.

FUSSBALLDEUTSCH – V

A-Z verwandeln
Es ist etwas Magisches an dem Wort – Zauberer verwandeln Kaninchen in Taschentücher, ein Kuss kann einen Frosch in einen Prinzen verwandeln.

Im Fußball sind es vor allem die Torjäger, die für das Verwandeln zuständig sind. Sie verwandeln alles in Tore: Pässe, Hereingaben, Flanken, Vorlagen, Eckbälle, Elfmeter und Freistöße – vorausgesetzt, sie sind gute Verwandlungskünstler.

A-Z Viererkette *die*
Seit der WM 1998 die Reaktion der deutschen Defensivstrategen auf das Aussterben des ···› ***Liberos***. Von Anfang an umstritten, wird die Viererkette vor allem dann kritisiert, wenn eine Mannschaft sie nicht beherrscht und auf diese Weise Tore kassiert.

HÄTTEN SIE'S GEWUSST?

Dass Trainer mit ihren Spielern in der Halbzeit oder nach dem Spiel Schlitten fahren, ist nichts Besonderes. Bei der SpVgg Unterhaching wird dagegen auch Bob gefahren; diese Abteilung hat immerhin 50 Mitglieder – und der Bob ist Bestandteil des Vereinswappens.

FUSSBALLDEUTSCH – W

A-Z **Wühler** *der*

Es ist nicht etwa so, dass zwischen Platzwart und Wühler eine Feindschaft bestünde. Denn der Wühler gräbt nicht den Rasen, das Heiligtum des Platzwarts, um, sondern er wühlt sich durch die gegnerischen Abwehrreihen. Er ist sozusagen das Gegenteil des ···> ***Filigrantechnikers***. Balltechnisch gesehen nicht gerade ein Meister, zeichnet den Wühler kaum zu stoppender Kampfes- und Durchsetzungswillen aus. Vom Erfolg seiner Bemühungen profitieren die ···> ***Abstauber***.

HÄTTEN SIE'S GEWUSST

Nehmen wir an, ein Bundesligist hätte einen eher kleinen Kader von 22 Spielern. Bei zwei Trainingseinheiten pro Tag fällt natürlich eine Menge Wäsche an: Im Schnitt werden von einer vereinseigenen Wäscherei acht Maschinen pro Tag gewaschen, wobei es sich um Industriemaschinen mit über 10 kg Fassungsvermögen handelt. Von Montag bis Freitag macht das rund 400 kg Wäsche pro Club aus.

Während der Saison finden jede Woche rund 85.000 Spiele statt. Die daran beteiligten Teams hinterlassen einen Wäscheberg, zu dessen Bewältigung rund 54.000 m^3 Wasser erforderlich sind. Zum Vergleich: Der Wasserverbrauch einer Kleinstadt mit 25.000 Einwohnern beträgt pro Woche im Jahresdurchschnitt etwa 34.000 m^3.

Zahl der jede Woche in Deutschland zu waschenden Trikots – bei 170.016 Teams und der Annahme, dass jedes Team im Schnitt 14 Spieler einsetzt: 2.380.224

Zahl der jede Woche zu waschenden Handtücher, wenn jeder Spieler eines benutzt (und auch alle duschen!!!): 2.380.224

Wenn man annimmt, dass ein Handtuch 1 m Länge hat, ergäbe dies aneinander gereiht eine Strecke von: 2.380.224 m = 2.380, 224 km = in etwa die Entfernung von Amsterdam nach Moskau

FUSSBALLDEUTSCH – Z

A-Z zahlende Zuschauer

Was hat man sich darunter vorzustellen? Jeder Zuschauer zahlt doch, oder gibt es etwa auch im Stadion, pardon: in der Arena, Schwarzseher? – In der Tat: Nichtzahlende Zuschauer sind z. B. die so genannten ···› ***Bankdrücker***, für den größten Teil des Spiels der ···› ***Joker***, ab dem Zeitpunkt ihres Ausschlusses die Experten für ···› ***Blutgrätschen***, die Teamchefs, Trainer samt Assistenten, der Schiedsrichterbeobachter, die Hundertschaft Polizei, die Sanitäter, die Ordner, die Reporter, Journalisten und Kameraleute, die Balljungen, die Getränke- und Würstchenverkäufer ... – wer zahlt eigentlich fürs Zuschauen?

A-Z zustellen

Hat nichts mit Briefen oder Paketen zu tun, sondern mit Räumen. Manch einer kennt es vielleicht von der eigenen Wohnung – mit allerlei Mobiliar zugestellt, wird es in den Räumen im Laufe der Zeit immer enger. Dieses Prinzip machen sich die Defensivstrategen unter den Fußballtrainern zunutze. Sie geben ihren Spielern die taktische Anweisung, die Räume zuzustellen und sie damit eng zu machen.

„“ SCHLAUE SPRÜCHE

„Wie komme ich ganz schnell auf zehn Millionen? Indem ich zwanzig in einen Fußballverein investiere.“ (Richard Becker, FAZ 19.12.2001)

„Wir kaufen keine Fußball-Aktien. Dabei wäre Borussia Dortmund in der Tat ein Übernahmekandidat – der Aktienkurs hat sich halbiert. Und die haben immerhin ein schönes Stadion.“ (Karl-Heinz Rummenigge, FASo 30.12.2001)

DIE ZUKUNFT – ANNO 2049

„Es geht immer weiter, immer weiter ...“ – Oliver Kahn

Weiter geht die Entwicklung des Fußballs, und mehr und mehr verändern sich die Machtverhältnisse in diesem Sport. Wir befinden uns im Jahr 2049 kurz vor den großen Feierlichkeiten zum 10. Weltpokalsieg in Cupstadt.

Africup (so wurde der Kontinent nach dem allerersten und denkwürdigsten Erfolg 2039 auf einen neuen Namen getauft) hat nun schon zum zehnten Mal in Folge die fußballerische Weltherrschaft untermauert. Aber dieses Mal war es keine Demonstration der Übermacht, wie in den Jahren zuvor, sondern ein äußerst knappes 6:4 gegen eine

Touropa-Auswahl, die erstmals seit 26 Jahren wieder im Finale stand.

6:4 steht übrigens nicht für die Anzahl der gefallenen Tore, 6:4 bedeutet, dass Africup sechs Zehntel Abschnitte für sich entscheiden konnte. Jeder Abschnitt dauert fünf intensive Minuten, danach gibt es eine halbe Stunde Pause. Nach fünf Abschnitten ist eine Rekonvaleszenzzeit von zwei Stunden eingeplant, sodass sich ein Spiel über den ganzen Tag hinzieht. Die fünf Minuten sind absolute Nettospielzeit. Deshalb setzen sich beide Teams schon ein bis zwei Minuten vor dem jeweiligen Anpfiff in Spielbewegung, um gleich von der ersten Sekunde an auf Betriebstemperatur zu laufen. Darin liegt eine der Stärken des Teams Africup.

Touropa hingegen arbeitet nach einem anderen Erfolgsmodell. Hier versucht man, den Ball nicht flach zu halten, sondern sucht einzig und allein Mitspieler, die deutlich über zwei Meter groß sind, um vor allen Dingen Vorteile im Luftkampf zu generieren. Drei Spieler dieser Mannschaft stammen vom FC Bayern Germania, wo schon in der frühen Jugend die Aktiven mit speziellen Nahrungsergänzungsmitteln auf Höhenwachstum gezüchtet werden.

Im Schnitt fallen sechs Treffer pro Spielsequenz. Um mehr Erfolgserlebnisse feiern zu können, und damit den Getränkeumsatz drastisch in die Höhe zu treiben, hatte man die Tore zwischenzeitlich in der Breite nahezu verdreifacht, auf 21 m, und in der Höhe fast verdoppelt, auf 4,5 m. Doch die Inflation von Treffern führte schnell zu Langeweile, sodass die Tore heute nur noch 2 Meter breit und 3,5 Meter hoch sind.

Außerdem hatte man eine Zeit lang auch das Abseits gänzlich abgeschafft, was wiederum dazu führte, dass einige Spieler einfach vor dem gegnerischen Tor stehen blieben und auf verwertbare Bälle warteten. Diese Akteure konnten sich kaum bewegen, so groß waren sie. Da sie ihre Bemühungen auf den Versuch beschränkten, Kopfballtreffer zu erzielen, wurde das ganze Spiel doch mehr zu einer statischen, eintönigen Angelegenheit mit langen Bällen und kaum zu verhindernden Toren. Und die Mannschaft mit dem größten Mittelstürmer stand in der Regel als Sieger fest.

Heutzutage gibt es deshalb längst wieder die Abseitsposition, allerdings nur innerhalb eines 16-m-Korridors parallel zur Grundlinie vor dem Tor. Und die Tore sind wegen der hohen Qualität des Spiels und der Akteure sowie deren Flexibilität und Beweglichkeit nur noch 2 m breit und 3,5 m hoch. Nicht wenige meinen, noch immer viel zu hoch, zumal der Ball aus mittelhartem Vollgummi besteht und nur noch 15 cm Durchmesser hat.

Jedem Spieler ist jeweils maximal eine Ballberührung erlaubt, bevor ein anderer an das Spielgerät gelangt.

Danach dürfen höchstens noch zwei weitere Mitspieler eingreifen. Daraus ergibt sich ein unglaublich schnelles, ausschließlich direktes Spiel. Ist der Spielfluss einmal unterbrochen, wird sofort abgepfiffen, die Zeit angehalten und der gegnerischen Mannschaft der Ball zugesprochen. Nur bei den absoluten Weltklasseteams, von denen es keine fünf gibt, kommt auf diese Weise eine richtig ansehnliche Partie zustande – mit unglaublichen akrobatischen Einlagen und allerhöchstem Tempo. Alle anderen Mannschaften dürfen sich je nach Spielklasse mehr Ballkontakte und weniger direktes Spiel erlauben. Das geht hinunter bis in die U 60, das steht für sechzigste Unterklasse, wo der Fußball doch mehr der anachronistischen Spielweise der Jahrtausendwende ähnelt.

Nach fünf gespielten Minuten sind die Protagonisten zwar längst nicht aus der Puste, trotzdem sind die 30 Minuten Pause vom Wirtschaftsministerium, das für den Sport zuständig ist, bindend vorgeschrieben. In dieser Zeit nimmt der Staat Geld ein, denn er hat das Bier- und Wurstmonopol. Die Vereine dagegen betreiben die Toilettenhäuschen und verdienen sich so ein wenig nebenher.

Haupteinnahmequelle ist die Energieerzeugung durch die Spieler während der Partie. Jede Bewegung schafft Energie und die wird über den hauchdünnen Ganzkörperanzug – ausgestattet mit tausenden winzig kleinen Akku-Chips – gespeichert und später verkauft.

Fernsehrechte sind längst abgeschafft. Stattdessen kann sich jeder, der daheim geblieben ist, selbst das Bild von einer der insgesamt 80 installierten Dauerkameras in seinen virtuellen Visionsraum holen, muss aber pro Partie mindestens eine Pause lang aktiv mitkonsumieren, bevor er sich einem anderen Programmangebot zuwenden oder völlig abschalten kann. Letzteres wiederum ist auch nur dann erlaubt, wenn die Mannschaft seines Kontinents oder – bei subkontinentalen Wettbewerben – seines Landesverbandes nicht in Führung liegt. Das sind Grundgesetze, die nicht aus nationalistischen Erwägungen heraus konzipiert wurden, sondern allein aus wirtschaftlichen, denn so kann das bessere Team sein Bruttokontinentprodukt allein mit einem einzigen Weltpokalsieg deutlich gegenüber den Nicht-Fußballzonen steigern.

Africup schöpft die sich aus dem Fußball ergebenden ökonomischen Möglichkeiten mittlerweile perfekt aus. Nach jedem großen Erfolg sind alle, die nicht zur Arbeit müssen, für zwei Tage zum Konsum gezwungen. Daraus resultierte ein exponentieller Vorteil für Africup, den allein Touropa fast egalisiert hat, möglich gemacht durch Übernahme der Fußballgesetze und deren schrittweise Ausdehnung auf die U-Klassen. Ziel ist es, dass in weniger als zehn Jahren alle Bürger mindestens zwei Tage pro Woche Fußball spielen und zwei Tage Fußball konsumieren.

Wenn das gelingt, ist der Garten Eden nicht mehr weit … oder???

NACHWORT

Es wird Zeit, „Danke" zu sagen – an diejenigen, die das Spiel erfunden haben und ohne die dieses Buch niemals geschrieben worden wäre.
Danke an England, das als das Mutterland des Fußballs gilt? Wohl kaum, hat doch anno 1350 König Eduard III. eine frühe Form des Spiels verboten, weil es angeblich vom Bogenschießen und anderen Kriegskünsten ablenke. Vielleicht muss man eher den Chinesen danken, die bereits im 2. Jahrtausend v. Chr. ein ähnliches Spiel namens Ts´uh-küh kannten? Aber wer wollte bezweifeln, dass nicht schon der Homo Sapiens den einen oder anderen Stein mit dem Fuß in die Höhle des Nachbarn geschossen hat?
Also danke ich meinen Eltern, dass sie mir einen Ball in die Wiege legten (wie Bilder beweisen). Ich danke meiner Frau, dass sie immer zum Doppelpass bereit ist, meinen Kindern, dass sie meistens den Ball flach halten, den Jokern Roger Willemsen, Ulf Harten und Rudi Kargus, dass sie sofort mitgespielt haben, und den einsatzfreudigen Sportkameraden von Langenscheidt für ihren Offensivgeist und dass sie auch dahin gegangen sind, wo es wehtut.

Und ich danke Ihnen, liebe Leserinnen und Leser, dass sie sich auf dieses Spiel eingelassen haben. In der Hoffnung auf viele weitere Begegnungen

Ihr Gerhard Delling

ÜBERRASCHEND UNTERHALTSAM, DIESES FUSSBALL-WÖRTERBUCH
KOMPLIMENT.
...ÄH, DANKE
DANKEN SIE NICHT MIR-DANKEN SIE LIEBER IHREM VERLAG, DER IHNEN EINE CHANCE GEWÄHRTE, INDEM ER ZEIT+GELD INVEST...
HAT JA AUCH WAS DAVON!
SIE MÜSSEN WOHL IMMER DAS LETZTE WORT IM MUNDE FÜHREN!!
ICH? WENN HENNES WEISWEILER DAMALS IM POKALFINALE GEGEN KÖLN NICHT ZUGELASSEN HÄTTE, DASS SIE SICH EIGENMÄCHTIG IN DER 119. MINUTE SELBST EINWECHSELTEN, ZUMAL SIE GEDANKLICH SCHON BEI
...HÖREN SIE DOCH BLOSS AUF!
SIE FANGEN DOCH IMMER WIEDER AN!
DAFÜR WERDE ICH JA SCHLIESSLICH AUCH BEZAHLT!
NA, DANN...
WAS DANN?
DANN IST...
SCHLUSS
AUS!
GENAU.
...
HRTN © '05